T0129795

essentials

essentials liefern aktuelles Wissen in konzentrierter Form. Die Essenz dessen, worauf es als „State-of-the-Art" in der gegenwärtigen Fachdiskussion oder in der Praxis ankommt. *essentials* informieren schnell, unkompliziert und verständlich

- als Einführung in ein aktuelles Thema aus Ihrem Fachgebiet
- als Einstieg in ein für Sie noch unbekanntes Themenfeld
- als Einblick, um zum Thema mitreden zu können

Die Bücher in elektronischer und gedruckter Form bringen das Expertenwissen von Springer-Fachautoren kompakt zur Darstellung. Sie sind besonders für die Nutzung als eBook auf Tablet-PCs, eBook-Readern und Smartphones geeignet. *essentials:* Wissensbausteine aus den Wirtschafts-, Sozial- und Geisteswissenschaften, aus Technik und Naturwissenschaften sowie aus Medizin, Psychologie und Gesundheitsberufen. Von renommierten Autoren aller Springer-Verlagsmarken.

Weitere Bände in der Reihe http://www.springer.com/series/13088

Uwe Böning · Frank Strikker

Coaching in der zweiten Romantik: Abstieg oder Aufstieg?

Zwischen individuellem
Glücksversprechen und
gesellschaftlicher Verantwortung

 Springer

Uwe Böning
Frankfurt am Main, Deutschland

Frank Strikker
Bielefeld, Deutschland

ISSN 2197-6708   ISSN 2197-6716 (electronic)
essentials
ISBN 978-3-658-32101-7   ISBN 978-3-658-32102-4 (eBook)
https://doi.org/10.1007/978-3-658-32102-4

Die Deutsche Nationalbibliothek verzeichnet diese Publikation in der Deutschen Nationalbibliografie; detaillierte bibliografische Daten sind im Internet über http://dnb.d-nb.de abrufbar.

Planung/Lektorat: Eva Brechtel-Wahl
Springer ist ein Imprint der eingetragenen Gesellschaft Springer Fachmedien Wiesbaden GmbH und ist ein Teil von Springer Nature.
Die Anschrift der Gesellschaft ist: Abraham-Lincoln-Str. 46, 65189 Wiesbaden, Germany

Was Sie in diesem *essential* finden können

einen prägnanten Überblick

- über die Entstehung des Coachings im Zusammenhang mit Struktur- und Werteveränderungen in der westlichen Welt
- die aktuellen gesellschaftlichen, politischen und ökologischen Rahmenbedingungen
- zentrale Fragen an Coaching, die sich aus den gesellschaftlichen Veränderungen ergeben
- zur Bedeutung der Positiven Psychologie für Coaching und
- zu den disruptiven Veränderungen des Coachingmarktes durch die Coaching Plattformen

Inhaltsverzeichnis

Einleitung 1

Es ist Juli/August 2020. Die Welt befindet sich seit längerem in superschnellen und tiefgreifenden Veränderungen, die die Technik, die Gesellschaften und ihre kulturellen Besonderheiten wie auch die nationalen und internationalen Politik-verhältnisse, ihre Strukturen und Perspektiven betreffen.

Das ist die aktuelle gesellschaftlich-politische Perspektive.

Und gleichzeitig befinden wir uns seit Monaten unter den Bedingungen einer weltweiten Pandemie: Das Virus Sars-Cov-2 und die Krankheit COVID-19 haben es geschafft, einen Shutdown in vielen Ländern der Erde auszulösen, der seit März diesen Jahres unser Leben verändert.

„Coaching" als ikonografische Kulturfigur der Selbstverwirklichungs-Gesell-schaft in der späten Moderne ist herausgefordert, sich diesen Veränderungen zu stellen und zukunftsfähige Antworten wie Positionen zu finden: als Praxis, als Theorie und in der wissenschaftlichen Forschung.

Die Frage ist nicht mehr, ob sich Coaching ebenfalls verändern will oder wird: Es hat sich in den vergangenen Jahren schon massiv – wenn auch für viele eher verdeckt – verändert. Und wird sich noch weiter radikal verändern.

- Es gibt nicht mehr nur Coaches sondern mindestens Business- und/oder Life-Coache. Es gibt aber auch Agile Coaches, Digitalisierungs-Coaches, Zukunfts-Coaches, Tanz-Coaches, Visualisierungs-Coaches, Astrologie-Coaches … Mindestens 1000 andere Varianten lassen sich jederzeit im Netz finden – aber immer noch keinen Titelschutz für professionell tätige (bzw. ausgebildete) Coaches, der wirklich hält, was er verspricht!

Die Verbände können oder wollen es bisher nicht schaffen, hier für geregelte und kundensichere Verhältnisse zu sorgen. Der RTC (Round table der Coaching-Verbände) hat diesbezüglich in der über 10-jährigen Arbeit keine gemeinsame Linie gefunden. Daher überrascht es nicht, dass der DBVC und der ICF (als weltweit aktiver Coaching-Verband) aktuell nicht mehr als Mitglieder im RTC aufgeführt werden (RTC 2020) und der ICF in der Zwischenzeit eine eigene Coaching-Plattform betreibt!

Der „Markt" und seine Teilnehmer*innen müssen zwischen exzellenten Profis, Allerwelt-Coaches, Titel-Räubern oder Scharlatanen selbst entscheiden, mit wem „man" arbeiten will und kann.

- Genügend empirische Absicherungen über die unterschiedlichen Qualitäten der vielfältigen Coaching-Varianten gibt es bisher nicht, wenngleich die Anzahl der Forschungsarbeiten seit 2004/2006 massiv gestiegen ist. (siehe Grant 2009; Böning 2015)

Die Wissenschaft ist seit 2006 zunehmend dabei, mit einer Fülle von Untersuchungen eine seriöse und abgesicherte wie auch hoffnungsvolle Basis-Sicherung des seriösen Coachings zu betreiben. Aber noch immer sind die Metaanalyse von Jones et al. von 2015 sowie Kotte et al. (2018) zwei der wenigen Arbeiten, in denen erste Vergleiche zwischen dem klassischen Face-to face-Coaching und Varianten des Online-Coachings vorgenommen werden.

- Die Digitalisierung hat längst Einzug in das professionelle Coaching gehalten. Der Selbstbehauptungskampf zwischen dem traditionellen „Face-to-face-Coaching" einerseits und dem digitalen „online-coaching" in seinen verschiedensten Varianten ist in vollem Gange – aber nicht für jeden sichtbar.
- Eines dürfte feststehen: Der begonnene Wettbewerb zwischen der überwältigenden Zahl der Solo-Unternehmer*innen und den digitalen Coaching-Plattformen steht als Nächstes auf der Markt-Agenda, der allerdings auch vielfältige substanzielle inhaltliche Veränderungen nach sich ziehen dürfte. Hier bahnt sich eine heftige Disruption in der Branche an.
- Nur eines steht nach der Pandemie des Jahre 2020 jetzt schon fest: Die Digitalisierung als Technologie explodiert geradezu: Sie ist in vielerlei Hinsicht der Gewinner in dieser viele Menschenopfer fordernden Tragödie. Sie erwies sich fast unvorbereitet als ein Rettungsweg während der Phase des weltweiten wirtschaftlichen und gesellschaftlichen Shutdowns: Die Büroarbeit im Business und den Verwaltungen wurde in einem gigantischen Kraftaufwand für Monate in das Home-Office verlegt. Private Kontakte wurden in einem nie

dagewesenen Umfang nicht mehr in der gewohnten Wirklichkeit, sondern in der digitalen Welt gepflegt. Ohne die Chance einer Alternative.

- Alternativlos während der Pandemie war u. a. auch das digitale Coaching: Online-Coaching per Telefon, per Skype, per Zoom oder Teams, per Go-to-Meeting oder oder war die Notlösung – und in vielen Fällen auch eine gute Lösung. Denn die Alternative war: Gar kein Coaching! Schließlich hatten die Kunden*innen, die Coaching-Partner*innen oder Coachees in den Unternehmen in der Regel Kontaktverbote. Und für die Privatpersonen war die Situation nicht viel anders.
- Die bisherigen Varianten des Online-Coachings nehmen seit einigen Jahren zu. Die Akzeptanz wächst, nicht zuletzt bei den jüngeren Nutzern*innen, und die Marktanteile steigen. Aber welcher Weg bei dieser Entwicklung der Beste sein wird, das scheint im Wesentlichen noch offen: Eine Klarheit über die Vorteile oder Nachteile der einzelnen Verfahren ist derzeit umstritten. Und die Grundsatzfrage, „Was ist besser: das klassische Face-to-face-Coaching oder die Varianten des Online-Coachings?" ist noch nicht geklärt. Zwar nähert sich die Antwort einem salomonischen „Es kommt immer darauf an!". Aber worauf es genau ankommt, das ist in der Diskussion. Klar scheint bisher nur, dass die Unterschiede zwischen den Generationen nicht die scharfe Trennungslinie zwischen Befürwortern*innen einerseits und Skeptikern*innen wie Kritikern*innen andererseits darstellt.

Das Fazit bis zu dieser Stelle:
Die Lage für das Coaching ist massiv in Bewegung. Und die Frage wird sein: Stehen wir vor einer echten Disruption – oder nicht?

Die nachfolgenden Ausführungen gehen auf unsere Eindrücke, Überlegungen, Erfahrungen und Erkenntnisse Schritt für Schritt ein. Selbstverständlich kann nicht alles, was uns in diesem Zusammenhang beschäftigt, Gegenstand unserer Erörterungen sein. Wir konzentrieren uns auf Schwerpunkte:

- Den systemischen Blick nach draußen: Es geht um die gesellschaftlichen und politischen Rahmenbedingungen der gegenwärtigen Coaching-Praxis und die damit verbundene Notwendigkeit einer Perspektiven-Erweiterung für das „Coaching nach draußen".
- Den systemischen Blick nach innen: Auf die bereits schon lange laufende Digitalisierung und die dadurch ausgelösten gravierenden Marktveränderungen sowie auf den durch die Corona-Pandemie zusätzlich ausgelösten digitalen Schub.

Fragen an das Coaching

„Coaching" ist ein wichtiges – vielleicht „das" – heute weltweit bekannteste Lern- und Entwicklungs-Format primär für Einzelne zur persönlichen Entwicklung und mentalen Bewältigung der aktuellen sozialen Veränderungen. Es geht um die erkennbaren vielfältigen und viele Menschen überfordernden Geschwindigkeitssteigerungen in Alltag und Beruf und der immer weiter zunehmenden Komplexität der Inhalte dieser Prozesse. Gemäß dem im Westen bisher dominierenden Grundmuster der Kultur und des immanenten Selbstverständnisses wurden und werden die Herausforderungen für alle Menschen und Bürger*innen zur Bewältigung an das Individuum weitergegeben, ihm überlassen, zugemutet oder ihm auch aufgrund seiner in den letzten fünf Jahrzehnten nach dem Weltkrieg entstandenen wie ausgetragenen Emanzipations- wie Partizipationsansprüche „gewährt". Dies galt in der Anfangsphase des Coachings in besonderem Maß für Führungskräfte, wobei die erste Adaption des ursprünglich in den USA entstandenen neuen Instrumentes der Personalentwicklung in Europa und besonderes in Deutschland Mitte der 80-er Jahre des letzten Jahrhunderts vor allem von Top- und Senior-Manager genutzt wurde. Von hier aus hat es sich im Laufe der Jahre auch auf andere Hierarchie-Ebenen und andere Zielgruppen im beruflichen Feld wie im privaten Leben ausgedehnt (Böning und Fritschle 2005).

Aus dem oben nur angedeuteten Rahmen der zu beachtenden Veränderungen ergeben sich verschiedene Fragen:

1. Schafft es „Coaching", aus der inspirierenden Vielgestaltigkeit seiner heute unüberschaubaren Vielzahl von legitimierten wie nicht-legitimierten Erscheinungen zu einer dauerhaft anerkannten Praxis auf wissenschaftlicher Basis mit legitimierten, geprüften und regulierten Qualitätsstandards

U. Böning und F. Strikker, *Coaching in der zweiten Romantik: Abstieg oder Aufstieg?*, essentials, https://doi.org/10.1007/978-3-658-32102-4_2

zu werden? Oder verflüchtigt sich das seit Jahren geradezu rauschhaft verbreitende „Coaching" in die Unwesentlichkeit eines bloßen Allerwelt-Begriffs mit sinkender Bedeutung, weil der Begriff sich wegen seiner Aura „totgesiegt" und gleichzeitig seinen spezifischen Inhalt schon verloren hat, kaum dass es seinen Kinderschuhen entwachsen ist?

2. Schafft es Coaching – eine wahrhaft ikonografischen Figur der späten gesellschaftlichen Moderne – aus der philosophischen und psychologischen Höhe einer in der Zwischenzeit hoch anerkannten kulturspezifischen Besonderheit – auszubrechen, die bisher auf der im Westen dominierenden Individual-Ausrichtung aufbaute – und eine gesamtgesellschaftliche Relevanz mit einem konstruktivem Einfluss zu entwickeln? Anders gefragt: Kann Coaching mit seiner oft reklamierten, aber faktisch nur selten konsequent angewandte systemischen Sichtweise auch Einfluss auf die gesellschaftlichen und politischen Diskurse nehmen und gesellschaftliche wie politisch Handlungsnotwendigkeiten aufgreifen und dazu Stellung beziehen um mitzugestalten?

3. Schaffen es die offiziellen wie inoffiziellen Vertreter*innen der bisher bestehenden Coaching-Verbände, ihre bisherigen individuum-zentrierten Perspektiven, Rollen und Themenfixierungen zu erweitern und ihr Handeln auch auf die Veränderungen und Notwendigkeiten einer gesamtgesellschaftlichen Entwicklung neu auszurichten? Können – und wollen – sie sich in den gesamtgesellschaftlichen Dialog um die spürbaren gesellschaftlichen Veränderungen bemühen?

4. Wollen und können sich Coaches und gerade die Coaching-Verbände mit massiven Marktveränderungen auch für Ihren eigenen Wirkungsbereich offensiv und zukunftsgerichtet auseinandersetzen? Sind sie sich der drohenden Folgen durch die Entwicklung von Coaching-Plattformen bewusst und können sie strategisch sinnvolle und konstruktive Maßnahmen für die Zukunft entwickeln? Oder bleibt ihnen nur das bescheidene Schicksal der überholten Lenker der früheren Pferdekutschen?

5. Kurz gefragt: Inwieweit ist Coaching angesichts all dieser enormen externen wie internen Veränderungen und Herausforderungen ein eigenständiger Treiber (Böning und Strikker 2014), ein Mit-Gestalter der eigenen Profession wie der gesellschaftlichen Verhältnisse oder lediglich eine mentale Sternschnuppe mit allmählich leiser werdender und vorübergehender gesellschaftlicher Bedeutung?

Von scheinbar fernen, aber nahen Themen: Womit muss sich Coaching künftig auch beschäftigen?

3

3.1 Rahmenbedingung I: Politik und Gesellschaft

Die Veränderungen der nationalen wie internationalen Strukturen, Prozesse und Gegebenheiten umfassen alte und scheinstabile politische wie gesellschaftliche Gewissheiten wie z. B.

International

- das demokratische Selbstverständnis in der innerstaatlichen Ordnung und die vielen spaltenden autokratischen Entwicklungen in immer mehr Ländern der Erde: z. B. Trump, Xi Jiping, Putin, Erdogan; Südamerika, Philippinen
- die Erschütterungen der aus der Nachkriegszeit entstandenen internationalen Ordnung. Themenbeispiele sind hier die seit langem laufende Infrage-stellungen der EU, die bisher im Beispiel des Brexit gipfeln, der durchaus Nachahmer finden könnte.
- der Zerfall der überkommenen innerstaatlichen Parteienstruktur in vielen westlichen Ländern, siehe: Deutschland, Frankreich, Italien und Ländern des ehemaligen Ostblocks
- das Aufkommen nationalistischer Bewegungen in vielen Ländern der Erde
- die sich seit 2015 abspielende und verschärfende Flüchtlingskrise mit ihren interstaatlichen wie zwischenstaatlichen Voraussetzungen und dramatischen Folgen nicht nur in Europa und Afrika, sondern aktuell auch im Nahen Osten und in Südamerika

© Der/die Herausgeber bzw. der/die Autor(en), exklusiv lizenziert durch Springer Fachmedien Wiesbaden GmbH, ein Teil von Springer Nature 2020 U. Böning und F. Strikker, *Coaching in der zweiten Romantik: Abstieg oder Aufstieg?*, essentials, https://doi.org/10.1007/978-3-658-32102-4_3

National

- eine zunehmende ökonomische und soziale Spaltung innerhalb der jeweiligen Gesellschaften, aber auch zwischen Regionen und Ländern. „Soziale Ungleichheit" und „Ungerechtigkeit" sind hier Sichtweisen und Diagnosen, die eine erhebliche politische Sprengkraft besitzen und teilweise schon umsetzen: siehe z. B. in Frankreich und Italien
- zusammen mit den Protesten gegen die bisherige (Pensions- und) Rentenpolitik verschärft sich die Auseinandersetzung zwischen gesellschaftlichen Gruppen zu einem massiver werdenden Generationenkonflikt in vielen Ländern, dessen Schärfe und Zukunftsfolgen überhaupt noch nicht absehbar sind

Kurz gefasst: Wir erleben endgültig eine Änderung der politischen und gesellschaftlichen Nachkriegsordnung. „Wir", d. h. wir als reflektierende Subjekte, unsere innerstaatlichen Organisationen und Institutionen, die Parteien und sonstige Verbände wie weitere interessierte Gruppen müssen uns mit der Ausrichtung auf eine in mehrfacher Hinsicht unsichere politisch-gesellschaftliche Zukunft beschäftigen. Unsere gesellschaftliche Werte-Ordnung und Verfassung sind ständig den verschiedensten Anfeindungen und Infragestellungen ausgesetzt.

Unsere Weltwahrnehmung, unser Lebensgefühl und unsere alltagsbezogenen Ziele, Werte, Erwartungen und Anstrengungen befinden sich dadurch ständig in einem großen systemischen Zusammenhang, der unsere Arbeitsgestaltung genauso betrifft wie unser Privatleben.

Coaching mit seinen expliziten wie impliziten Werten, Zielen, aber auch Konzepten, Methoden und Techniken muss sich dieser Zusammenhänge bewusst sein, um mit seinem Wertegefüge und seinen Handlungskonzepten genauso wie mit seinen alltäglichen Aktivitäten nicht am Lebensgefühl der Gesellschaft und den damit explizit und implizit, unbewussten wie bewussten Erwartungen, Zielen und Bewertungsmaßstäben vorbeizugehen.

3.2 Rahmenbedingung II: Klimakrise und Umweltbewusstsein

Eine mediale Großthematik, die von steigenden Teilen der Bevölkerung nicht nur im Westen als dramatisch empfunden wird, bezieht sich auf den Klimawandel und seine ökologischen Auswirkungen. Die Thematik einer ausgebeuteten Umwelt sowie eines sich verändernden Klimas sind schon seit 1972 – seit der Bekanntgabe des 1. Berichts des Club of Rome – ein öffentliches Thema (Meadows et al. 1972). Zwar sind die gravierenden Daten immer wieder veröffentlicht und diskutiert worden (Weizsäcker und Wijkmann 2018), dennoch wird ihre Aktualität in den westlichen Gesellschaften (die diesbezüglich schon Vorreiter sind) erst jetzt medial und für die Bevölkerung nachhaltig bewusst aufgegriffen. Eine symbolische Verdichtung findet sich in der weltweiten Aufmerksamkeit für die schwedische Schülerin Greta Thunberg und die von ihr ausgelöste globale Bewegung „Friday for Future" wieder! Der Hintergrund ist klar erkennbar: Klimaveränderungen und -katastrophen waren bis dato eher ein Thema für weit entfernte Länder: für die Arktis und Antarktis. Oder sie zeichneten sich z. B. durch den Rückgang der Gletscher in den Alpen aus. Westeuropa stand eher am Rande der Entwicklungen – als Beobachter mit einem erhobenen Zeigefinger. Die letzten beiden Sommer der Jahre 2018 und 2019 aber transportierten mit den heißen Temperaturen die klimatischen Veränderungen scheinbar urplötzlich vor unsere eigene Haustür. So dramatisch die Temperaturen stiegen, so vehement sank der Wasserspiegel. Gemeinden in vielen Ländern der Erde, neuerdings auch in Deutschland, sprachen ein Verbot der Nutzung von Wasser für die Bewässerung der Gärten und vergleichbare Aktivitäten aus. Das unmittelbare Erleben sensibilisierte die Bevölkerung für die Diskussionen um Braunkohle, CO_2, Regenwald, Fleischkonsum, Nitrat im Grundwasser, Dieselfahrzeuge, Kreuzfahrtschiffe etc. Dennoch haben die dokumentierten katastrophalen Auswirkungen der Klimaveränderungen nicht zu einer gravierend neuen Politik geführt. Vielmehr beruhigen sich viele Menschen vorerst mit Diskussionen und dem Zeigen des moralischen Zeigefingers auf Andere, die ja angeblich auch nichts tun.

Diese Diskrepanz zwischen Verlautbarungen, empirisch beobachtbaren ökologischen Veränderungen auf der einen und geringen Aktivitäten auf der anderen Seite wird vor allem von jungen Menschen als dramatisch, fahrlässig, rückwärtsgewandt und verantwortungslos für ihre eigene Zukunft erlebt. Sie stellen kritische bis radikale Forderungen an das bestehende Establishment und die Regierungen der verschiedenen beteiligten Länder. Neben Friday for Future haben auch die Aktivisten*innen von „Extinction Rebellion" in sehr kurzer Zeit einen breiten Zulauf gefunden, was u. a. daran zu erkennen ist, dass ihre Aktionen vom „Wissenschaftlichen Beirat der Bundesregierung Globale Umweltveränderungen" aufmerksam zu Kenntnis genommen werden (Göpel 2020). Die ökologische Krise wird von ihnen als eine immanente Auswirkung des kapitalistischen Wirtschafts-Handelns betrachtet und wirft als Folge kritische Fragen an das vorherrschende Wirtschaftsmodell und das Konsumverhalten gerade der Industrieländer auf. Der geforderte Verzicht z. B. auf Flugreisen, den Fleischverzehr oder den individuellen PKW-Besitz wird nicht mehr als Einschränkung aufgrund eines geringen Einkommens verstanden, sondern als Beispiel für die Notwendigkeit wie Ausdruck eines zukunftweisenden Lebensstils!

3.3   Rahmenbedingung III: Digitalisierung als 4. Technologische Revolution

Alle diese Entwicklungen werden ermöglicht, begleitet und eminent forciert durch eine technologische Revolution, die nahezu alle Geschäftsprozesse, fast alle alltäglichen Aktivitäten und alle zwischenmenschlichen Lebenserscheinungen durchzieht: die Digitalisierung, die eine neue Stufe der menschlichen Entwicklung verspricht, zumindest aber behauptet. Diese verändert weitestgehend nicht nur fast alle Produktionsbedingungen und alle informationsabhängigen Dienstleistungsprozesse (z.B. die unterschiedlichsten Formen der Nachrichtenübermittlung, der Psychologie, der juristischen oder der finanzbezogenen Beratung), sondern auch unmittelbar fast die gesamte zwischenmenschliche Kommunikation - und folglich fast alle zwischenmenschlichen Lebensbezüge überhaupt. Was wenige Jahrzehnte als „stille Revolution" nur in der Wissenschaft und später in produktiven Zentren wie IT-Unternehmen, Maschinenbauunternehmen usw. stattgefunden hat, ist in der Zwischenzeit mit rasender Geschwindigkeit dabei, auch den gesamten privaten Raum zu erobern – und dramatisch zu verändern.

Computer, Handys, Smartphones und soziale Medien, Navigationsgeräte, Kameraminiaturen, Sensoren überall, Siri, Alexa, oder die Online-Bezahlsysteme haben begonnen, unsere gesamte technische wie zwischenmenschliche Kommunikation bis hin zu unserer bisherigen Lebensform als solche zu revolutionieren.

Die derzeit am weitesten fortgeschrittene Form ist in der chinesischen Überwachung des Sozialverhaltens seiner Bürgerinnen und Bürger zu beobachten: siehe die beiden „Social Credibility-Systeme" für Personen wie für Unternehmen. Es lässt in seinen möglichen Auswirkungen auf die Steuerung des persönlichen Verhaltens, dem Vergeben von persönlichen Erlaubnissen bzw. Einschränkungen die Möglichkeiten von weitreichenden gesellschaftlichen Konsequenzen erahnen (Sieren 2018).

Coaching hat nach unserer Auffassung selbstverständlich nicht die Aufgabe der Politik oder der Medien, ebenso wenig die Themen und Zielsetzungen der politischen oder soziologischen Wissenschaft – und sollte sich diese auch nicht anmaßen. Dennoch könnte Coaching nach unserer Ansicht für sich eine gesellschaftliche Aufgabe reklamieren. Denn jenseits der Tagespolitik oder den Ergebnissen anderer Wissenschaften sollte sich Coaching mit den erfassbaren Verhaltens-, Werte-, Einstellungs- und Kommunikations-Implikationen des umgebenden gesellschaftlichen Systems auf die Menschen auseinandersetzen. Die mit den Gesellschafts- und Politikentwicklungen einhergehenden Veränderungen und Umbrüche mit ihren psychologischen Tiefenwirkungen auf die lebenden Subjekte könnten, ja sollten Gegenstand der Beachtung,

Beobachtung und Reflexion in verschiedenen Coaching-Situationen mit Verantwortlichen, mit Führungskräften und Mangern*innen sein. Nicht um unmittelbar Politik zu machen – offen oder verdeckt -, sondern um die impliziten oder expliziten Bedingungen des Umfeldes für das Handeln oder die Werte-Haltung bzw. die Einstellungen ihrer Coaching-Partner*innen zu verstehen bzw. die rückbezüglichen Wirkungen auf das Umfeld in Ihrer Arbeit zu antizipieren. Bloß subjektive Wertehaltungen still zu praktizieren oder nur indirekt Sinn-zuschreibungen über Interventionen seitens des Coaches vorzunehmen, sind in dieser pluralen und disruptiven Welt zu wenig und nur ungenügend zielführend.

Bei den Coaching-Verbänden hingegen sehen wir eine größere Verantwortung für die Verstärkung positiver Zukunftsentwicklungen oder für die kritische Betrachtung und das Aussprechen von Warnungen zu problematischen Einzel-Vorgängen oder schädigenden bzw. destruktiven Gesellschaftsentwicklungen. Denn aus der fachlichen Sicht des Coachings sollten absehbare Gefahren für die handelnden Subjekte dieser komplexen und hyperschnellen VUCA-Zeit auf den Tisch gelegt und zur Diskussion gestellt werden.

Warum sollte Coaching explizit die Aufgabe haben, sich nur mit der inner-seelischen Struktur und dem Verhalten der zu Ihnen kommenden Ratsuchenden zu beschäftigen, die ja mit dem umgebenden Gesellschafts-System in positiver Resonanz stehen?

Warum sollte Coaching sich selbst einschränkend z. B. mit Unternehmens-abläufen und dem Handeln, der Rolle und dem Selbstverständnis von Top-führungskräften und Mangern*innen beschäftigen – ohne sich mit den komplexen Umgebungsbedingungen auseinanderzusetzen?

Warum sollte Coaching die Entwicklung der Digitalisierung nur aus einer Perspektive des technologischen Fortschritts betrachten und nicht mit gleicher Aufmerksamkeit auch die psychologisch fragwürdigen bis kritischen Aspekte dieser technologischen Entwicklung ansprechen? Nicht dass wir die Annahme hätten, dass es dazu nur gleichgerichtete und gleichlautende Einschätzungen und Positionen gäbe, wir halten eine offene und wertschätzend-kritische Auseinander-setzung mit den beobachtbaren und absehbaren sozialen Folgen dieser Techno-logie-Entwicklung für unumgänglich, um die gesellschaftliche Zukunft nicht allein den Technologen*innen und Ingenieuren*innen oder den Wirtschaftlern*innen und den Politikern*innen zu überlassen. All diese Perspektiven sind zu respektieren, aber auch zu ergänzen! Eine nur anpassende Haltung gegenüber vordergründigen Befürwortern*innen und an Eigeninteressen und Eigenbedürfnissen ausgerichteten Propagandisten*innen des Paradieses genügt nicht. Eine systemische Sichtweise verlangt auch eine systemische Mitverantwortung durch einen gesellschaftlichen Diskurs. Und diesem hat sich Coaching aus unserer Sicht zu stellen.

3.4   Rahmenbedingung IV: Die Revolution in der Medizin

Von der digitalisierten Medizin zum digitalisierten Coaching?
Der langjährige SPIEGEL-Korrespondent im Silicon Valley, Thomas Schulz (2018), beginnt sein Mitte 2018 erschienenes Buch „Zukunftsmedizin" mit einer geradezu überschwänglichen Begeisterung: Er berichtet über die jährlich stattfindende größte Healthcare-Konferenz der Welt in San Francisco, die von der Bank JP Morgan ausgerichtet wird.

Seine Feststellung lautet: „Wir stehen am Beginn gewaltiger Veränderungen, nicht nur in der Medizin, sondern in allen Bereichen unseres Lebens. … Denn wir sind an einem Punkt angelangt, an dem die Entwicklungen aus Jahrzehnten zusammenfließen, an dem neue Technologien aus allen Bereichen verschmelzen: aus Chemie, Physik, Materialwissenschaften, Robotik…" Das von ihm aufgeschnappte und alles kennzeichnende Zauberwort im Valley heißt **„Convergence"**! (Schulz 2018, S. 13 f.).

Nach Schulz war das letzte Jahrhundert von dem grundsätzlichen Verständnis von zwei Elementen geprägt: dem Atom und dem Byte. (Wir fügen aus unserer Sicht noch das Element „Psyche" hinzu!) Jetzt aber wächst in rasanter Geschwindigkeit das Verständnis für das nächste Element: Das Gen! In der Zählweise von Schulz ist es das dritte Element. In unserer Zählweise das vierte!

Wir reden in der vorliegenden Arbeit nicht primär über die Zukunftsmedizin, sondern über die Entwicklung des Coachings. Aber wir sollten uns nicht täuschen lassen: Die Brücke von der digitalisierten Medizin zum digitalisierten Coaching ist nicht weit: nicht nur wegen der explodierenden Kosten-Entwicklung für die medizinische Gesundheit und der sie begleitenden Markt-Entwicklungen der Medizinleistungen. Sondern vielmehr auch wegen der fachlichen Entwicklung in der Coaching-Praxis und der Kosten-Entwicklungen im Bereich bzw. der wissenschaftlichen Coaching-Forschung sowie der damit zusammenhängenden Produkte und Leistungen in dem sich vermutlich heftig, vielleicht sogar disruptiv entwickelnden Psychomarkt. Damit sind wir bei dem uns hier primär beschäftigenden „Coaching"-Thema, das unmittelbar mit dem eben gerade behandelten medizinischen Feld zusammenhängt. Die Gründe dafür sind vielfältig.

Beginnen wir mit einem scheinbar einfachen, weil offensichtlichen Grund, der schon weit vor Ausbruch der Corona-Krise bestand: Eingebettet in die traumhaften Verheißungen von der angeblich bald bestehenden Möglichkeit zur Verlängerung der Lebenserwartungen auf 150 – ja vielleicht auf 200 Jahre und hochpeitscht durch die Ankündigungen revolutionärer Behandlungsmethoden durch Gentherapien bei Krebs und vielen anderen schwersten Erkrankungen gibt es eine Reihe von scheinbar einfachen Veränderungen, die in ihrer Tragweite für das Coaching leicht unterschätzt werden können: Es geht dabei u. a. um die tiefgreifende Rollenveränderungen der Ärzte*innen und anderer Berufsträger*innen im Gesundheitswesen: Es entstehen exponentiell ja nicht nur Mischformen verschiedener Disziplinen und Handlungsfelder wie zum Beispiel Bio-Informatik, Gesundheitscoaching, gesundheitsorientierte Führung oder ähnliche Felder, sondern gerade dadurch auch substantielle Rollenveränderungen der im Gesundheitsbereich Tätigen.

Schulz (2018) formuliert es trocken: Die/der Ärztin/Arzt der Zukunft wird nicht nur „Heiler und Arznei-Verschreiber sein, sondern auch Gesundheitscoach und Datenmanager"! (S. 18) Durch die Erweiterungen seiner Handlungsmöglichkeiten stehen ihn/ihm neue Rollenoptionen zur Verfügung. Das ist die eine Seite. Andererseits kann man vermuten, dass die Explosion seiner Rollenveränderungen auch durch die Tatsache begünstigt bzw. sogar erzwungen wird, dass die digitale Revolution und die Verbesserung der diagnostischen wie operativen Möglichkeiten ihm einige seiner bisherigen Arbeiten abnehmen und damit gleichzeitig qualitativ verbessern wird. Die/der Ärztin/Arzt wird in Teilen alte Arbeiten und Rollensegmente verlieren – und dadurch zum Ausweichen auf andere Felder gezwungen werden, die er als Erleichterung oder als Ausbau früher ungeahnter Möglichkeiten verstehen kann: Das Durchscannen von Unterlagen zur Diagnose wie auch der individuellen Krankengeschichte ist ja schon eine bald bevorstehende Erleichterung oder Bedrohung für Rechtsanwälte*innen und Steuerberater*innen. Anzunehmen also, dass es Ärzten*innen in Teilen bald ähnlich gehen wird!

Die personalisierte Medizin sowie die „elektronische Patienten*innen-Akte" sind weitere Nutzanwendungen der digitalen Möglichkeiten, die den/die „gläserne/n" Patienten*in ermöglichen, dessen Daten ihm zu jeder Zeit an jedem Ort dieser Welt bei Bedarf zur Verfügung stehen können.

Natürlich nicht nur ihr/ihm selbst, sondern seinen Ärzten*innen. Und vermutlich bald auch der/dem Arbeitgeber*in, den Versicherungen, den Banken, den Lehrern*innen usw… Verknüpft mit den jederzeit abrufbaren Ortungsdaten. Prinzipiell für all ihre/seine „Freunde*innen" und für alle Gegner*innen!

Anders gewendet: Neben der zweifellos positiven Seite dieser Verknüpfung von Medizin und Digitalisierung ergeben sich aus diesem weltweiten Datenverkehr nicht nur Vorteile, sondern auch Nachteile, die mit der völligen Durchschaubarkeit des Einzelnen wie ganzer Gesellschaften einhergehen. Die umfassende Kontrolle ist die unmittelbare zweite Seite dieses Prozesses, der weit über den Medizinbereich hinaus geht: Machtausübung und Machtmissbrauch liegen derart nahe beieinander, dass die soziale Kontrolle oder neue Formen der Erpressbarkeit Gefahren eines neuen Zeitalters darstellen, eine Vorstellung, die jede bisherige Form in der Geschichte übersteigt!

Unsere Befürchtung: Es droht die Herrschaft der Digital-Firmen über die (nationalstaatlichen) Institutionen.

Um die Entwicklung und die damit verbundenen Gefahren für jedermann auf den Punkt zu bringen: Die seit Beginn der Aufklärung vor rund 500 Jahren gewonnene und im Laufe von Jahrhunderten erkämpfte Freiheit – u. a. in Form einer Privatsphäre – hat sich in der Zwischenzeit in wenigen Jahren in einem unhörbaren Rauschen in die Cloud verflüchtigt, als ob nichts gewesen wäre mit dem Jahrtausend-Gewinn der Freiheit, den Menschenrechten und der Autonomie des Einzelnen.

3.5   Rahmenbedingung V: Die Corona-Krise und ihre umstürzenden sozialen Folgen

„Endlich können alle sehen, was online alles möglich ist." Diese und ähnliche Aussagen kann man – selbstverständlich online – in der Zeit von Corona täglich, ja beinahe stündlich lesen. Mit einer gewissen Freude wird schnell ergänzt: „Arbeitgeber, die bisher dem Homeoffice kritisch gegenüberstanden, merken nun, wie gut es funktioniert und was alles an Informationen und Meinungen per online transportiert, vermittelt, diskutiert und ausgetauscht werden kann."

Zwar ist hier und da die Internetverbindung noch schlecht, aber das liegt laut den überzeugten Digital-Propheten*innen eigentlich nur an der begrenzten Ausbaustufe des Netzes. G5 lässt halt auf sich warten. Aber der riesige Versicherungskonzern Allianz verkündete schon im August 2020, dass in der Zukunft 40 % aller Arbeitsplätze im Homeoffice stattfinden sollen…

Was auf der Oberfläche der Corona-Kommunikation passierte, ist schnell erzählt:

- Das Verbot von persönlichen Treffen, der Shutdown oder Lockdown der wirtschaftlichen Aktivitäten und die drastische Reduzierung der gesellschaftlichen Kontakte bewirkten, dass die direkte persönliche Interaktion massiv in das Internet verlegt wurde.
- Zoom, Microsoft Team, 3CX, Adobe Connect, WebEx und andere Anbieter wurden täglich von allen im Homeoffice Sitzenden genutzt und feierten eine Blütezeit.

- Kurzarbeit und Homeoffice wurden die Antworten auf zwei divergente Arbeitsformen. Wer bisher im Büro am Computer arbeitete, konnte sein Arbeitspensum ohne besonderen Aufwand in einen anderen Raum, ins eigene Wohnzimmer, in die Küche oder in das häusliche Arbeitszimmer verlegen. Wer aber vor Corona in der Produktion oder am Band gearbeitet hatte, der hatte allerdings keine Chance zur Verlegung des Arbeitsortes: Entweder in den Produktionsräumen oder gar nicht. Hier zeigt sich möglicherweise eine Form der neuen Zweiklassengesellschaft, die sich in Zukunft weiter ausdehnen könnte.
- Arbeit im Homeoffice, Video- oder Telefonkonferenzen katapultieren Mitarbeitende in eine ungewollte und ungewohnte Vereinzelung. Mitarbeitende nutzen ihre Laptops, Computer oder andere Devices – alleine. Der gemeinsame Blick auf den Bildschirm, der Austausch auf dem Flur, der Weg in die Kaffeeküche und erst recht das gemeinsame Mittagessen in der Kantine fallen weg. Aus der Perspektive der arbeitsbezogenen Kooperation findet eine kollektive Singularisierung/Vereinzelung bis hin zur Isolation statt. Homeoffice ist eine digitale Isolation, weg von Kolleginnen und Kollegen, weg von Kunden*innen und Lieferanten*innen.
- Blog, Podcast, Youtube etc. ersetzten die persönliche Diskussion: Wer sich informieren wollte, konnte zwar auf das Fernsehen zurückgreifen, erlebte aber, dass es als zu langsam erschien: Eine stündliche Aktualität konnte nur das Internet gewährleisten.
- Meinungsbildung fand überwiegend individualisiert statt, vor dem Monitor, mit wenigen Bekannten oder Freunden*innen oder vor allem im Kreis der eigenen Kernfamilie.

Die öffentliche Privatheit:

„My Home is my castle:" Diese Illusion dürfte nach Corona endgültig Geschichte sein. „My Home…" ist nun Teil des privaten Arbeitsplatzes, ist Teil der Schule, ist Teil der Familie, ist Teil der Freizeit und und und… Aus der Privatheit wurde ein teil-öffentlicher Raum – spätestens dann, wenn die Kinder in die Videokonferenz platzen oder die Eltern mit den Lehrern*innen die Formulierung der Hausaufgaben diskutierten oder die Mitarbeiter*innen mit ihren Vorgesetzten, Kollegen*innen oder notfalls auch Kunden*innen aus dem Schlafzimmer heraus telefonierten. Die Privatheit eröffnete neue Bezüge: Bei einem Arbeitskollegen entdeckte man unbekannte Maler an der Wand im Hintergrund der Videoeinstellung (sammelt er oder malt er selbst?). Bei einer Kollegin hingen Musikinstrumente im Hintergrund (sie hat gar nicht erzählt, dass sie musiziert!) und andere sah man mit lockeren oder eher überholten Kleidungsstücken im Videocall („Da geht es also sehr salopp zu!"). Bei wieder anderen war professionell das Hintergrundbild schon virtuell eingestellt (Aha, die wollen also nichts Privates zeigen…!). Homeoffice bot neue und z. T. ungewohnte Interpretationsmuster, Bewertungen, Assoziationen und Einschätzungen von Kollegen*innen oder den lieben Nachbarn*innen.

Bei aller kritischen Reflexion der neuen Kommunikationsformen soll auch konstatiert werden, dass sich etwas Neues, etwas Positives entwickelte und erfahrbar auch die rettende Oberhand gewann. Wie erste Untersuchungen der Bertelsmann Stiftung (2020) zeigen, entstand in vielen Bereichen eine ungewohnte Form der Solidarität, der Nachbarschaftshilfe, des Zusammenrückens und des gegenseitigen Beachtens. Menschen hörten wieder einander zu, kümmerten sich umeinander, begegneten sich mit Respekt und sorgten sich umeinander. Jüngere Menschen machten sich Gedanken um ältere, fragten nach, gingen Einkaufen und halfen bei kleinen häuslichen Aufgaben.

Als Fazit der Erfahrung in dem Superbeschleuniger „Pandemie COVID-19" lässt sich für die berufliche Interaktion zusammenfassen:

Die menschliche Kommunikation und damit die menschlichen Beziehungen verändern sich, technisieren sich, digitalisieren sich, bringen eine neue Form des Abstands, forcieren Vereinzelung und bewirken gleichzeitig unter der Oberfläche eine neue Vergesellschaftung, da „alle" (zumindest die Wirtschaft und die wachsende Mehrheit) nach der gleichen technisch-digitalen Logik agieren. Die Geschwindigkeit der Digitalisierung der Kommunikation, die durch Corona ihren Super-Beschleuniger – erhielt, befriedigt einen Bedarf der Gesellschaft bzw. ihrer Akteure, der von Nassehi (2019) als jene digitalen Muster beschrieben wird, die lange vor der technischen Digitalisierung schon in der früheren Gesellschaftsstruktur angelegt waren. Er spricht deshalb von digitalen Mustererkennungstechniken, die darauf hinweisen, „dass sich hinter dem Rücken der Akteure Strukturen und Regelmäßigkeiten finden ließen, die diesen weder bewusst seien noch sich in Selbstbeschreibungen niederschlügen." (Nassehi 2019, S. 59).

3.6 Aspekte der Großen Transformation: Andockstellen für das Coaching

Bei den nachfolgenden Themen handelt es sich um solche, die nicht so unmittelbar und scheinbar wohlbekannt auf dem Tisch liegen, wie man dies den vorangehenden Themen zuschreiben könnte. Es handelt sich um jene Großthemen, die von Uwe Schneewind (2018), dem Präsidenten des Wuppertal-Instituts und

seinen Co-Autoren*innen als aktuelle Bestandteile der „Großen Transformation"
der Gesellschaften (der nationalen wie der Weltgesellschaft) bezeichnet werden.
In dieser Untersuchung versuchen die Autoren*innen, aufbauend auf dem
Wuppertaler Transformationsmodell, einen „Kompass für die Zukunftskunst" zu
vermitteln. Damit ist keine einfach logisch-rational durchgeführte analytische
Durchdringung und die daraus folgende Ableitung von weiteren Veränderungs-
schritten gemeint, sondern etwas wesentlich Erweitertes. Nämlich eine Transformation, die auf Grundgedanken von Karl Polanyi (1944) aufbauend,
entscheidende Zusatzaspekte für das Gelingen einer tatsächlich revolutionären
Umgestaltung der Gesellschaft nennt: Nach ihm soll neben die technologische,
die ökologische und die institutionelle Dynamik zusätzlich eine kulturelle
Dynamik treten, die eine zentrale Voraussetzung für die erfolgreiche Umsetzung
der anderen (sachlichen) Impulse und Dynamiken darstellt.

Von den erforderlichen Erfolgsfaktoren haben alle vier ins Auge springende
psychologische Anforderungen bzw. inhaltliche Komponenten

Faktor 1: Reflexion,
Faktor 2: Partizipation und Selbstorganisation.
Faktor 3: Ausgleich und Konfliktregelung sowie
Faktor 4: Innovation

Springt hier nicht unmittelbar die inhaltliche Nähe zu einigen Grundaspekten des
Coaching-Konzeptes in die Augen?

- Als begriffliche bzw. inhaltliche Brücke kann bzw. muss man z. B. die
  Aspekte Reflexion und damit auch die Selbstreflexion herausheben.
- Bei der großen Transformation geht es um politische Partizipation zwischen
  verschiedenen Beteiligten, die zum einen begleitet und gesteuert werden muss,
  zum anderen im Sinne der Selbstorganisation zugelassen und gefördert werden
  muss. Auf der Ebene des Coachings handelt es sich um die Zusammenarbeit
  in einem partizipativen Prozess zumindest zwischen Coach und Coaching-
  Partner, zuweilen aber auch zwischen wenigen Akteuren, oft nur zwischen
  zwei Personen oder kleinen Gruppen.
- Bei Ausgleich und Konfliktregelung handelt es sich auf der interaktiven
  Prozess-Ebene des Coachings häufig um Ziele, die direkt zu einem typischen
  Coaching-Prozess gehören, der sich z. B. um den Ausgleich zwischen zwei
  Personen handelt: z. B. zwischen einem Paar, zwischen zwei Kollegen*innen
  oder zwischen einem Vorgesetzten und einem/r Mitarbeiter*in. Hier
  spielt vielfach die emotionale Selbstregulation eine zentrale Rolle, um zu
  gemeinsamen Lösungen oder wenigstens zu Lösungsansätzen zu kommen.

- Innovation im gesellschaftlich-politischen Bereich lässt sich ebenfalls unmittelbar mit psychologischen Aspekten der Innovation von Einzelnen oder Teams in Verbindung bringen, nämlich mit den Aspekten der Ressourcenaktivierung und der Selbstorganisation. Und zwar unabhängig davon, ob dies direkt oder nur indirekt mit Coaching zusammenhängt. Zumindest handelt es sich hier um Komponenten, die sowohl im interaktionsbezogenen Prozess des Coachings wie auch bei der Lösung von sachlichen oder gesellschaftlich-politischen Prozessen eine Rolle spielen. Denn gesellschaftliche wie persönliche Innovationen brauchen Prozess-Innovationen, um im Sinne selbst entwickelter alternativer Lösungsansätze Innovationen hervorzubringen, die auf der zwischenmenschlichen wie auf der gesellschaftlichen Ebene zu neuen Ergebnissen führen.
- Selbstverständlich lässt sich nicht verkennen, dass es sich bei den zitierten Inhalten um Prozesse auf verschiedenen Systemebenen handelt. Gleichzeitig zeigen sich klare potenzielle Anschlussstellen für ein politisches Handeln, das seine Kraft aus den in der Coaching-Praxis geschulten Problemlösefähigkeiten ableiten lässt. Bei allen Unterschieden zwischen den System-Ebenen ist deshalb zu fragen, wie die bisher als verschieden behandelten Praxisfelder zusammengeführt werden könnten, die dem gesellschaftlich-politischen Bereich neue Methoden der Problemlösung und dem Coaching -Bereich neue produktive Anwendungsfelder aufschließen könnten?

Struktur- und Werteveränderungen in der westlichen Welt

4

4.1 Individuum, Individualität, Identität und Singularität: Zur Sozial-Geschichte der letzten 50–70 Jahre im Westen

Nach den Aufbaujahren am Ende der 40-er, 50-er und 60-er Jahre entstanden verschiedene humanistische und politische Bewegungen der neuen Neuzeit/ Moderne. Die von Schelsky so genannte „skeptische Generation" der 50-er und 60-er Jahre entwickelte sich im Westen allmählich in eine „nivellierte Mittelstandsgesellschaft" (Schelsky 1957), die einen versachlichten, standardisierten, aber durchaus angestrebten Lebensstil bevorzugte.

Hiergegen revoltierten schließlich die zuerst im akademischen Umfeld entstandenen Subkulturen, die sich in einer breiten Infragestellung alter Politik-, Herrschafts- und Lebensverhältnisse entfalteten. Diese politischen Diskussionen, Auseinandersetzungen und Werteveränderungen führten – beginnend mit den frühen Entwicklungen an amerikanischen Universitäten, die sich in Europa und in Deutschland am Ende in den Auseinandersetzungen der „68-Generation" Bahn brachen – zu einer fundamentalen Veränderung der gesamtgesellschaftlichen Verhältnisse und des gesamtgesellschaftlichen Klimas. Hippies und 68-er feierten eine Hinwendung zum Ich, seinen Gefühlen und seinen Bedürfnissen, die sich in den 80-er und 90-er Jahren zu einer neuen gesamtgesellschaftlichen Lage verdichteten. Getriggert durch die technologischen Entwicklungen der Digitalisierung in der gleichen Zeit baute sich mit der entstehenden „New Economy" und dem damit verbundenen Gründer-Hype bis zu den Jahren 2000/2001 die Fantasie einer völlig anderen, den alten Industrialismus und die alte Wirtschaftsordnung ablösenden Wirtschaftsstil mit neuen Arbeits- und Lebens-Verhältnissen auf.

© Der/die Herausgeber bzw. der/die Autor(en), exklusiv lizenziert durch
Springer Fachmedien Wiesbaden GmbH, ein Teil von Springer Nature 2020
U. Böning und F. Strikker, *Coaching in der zweiten Romantik: Abstieg oder Aufstieg?*, essentials, https://doi.org/10.1007/978-3-658-32102-4_4

Alexander Reckwitz (2017/2019; 2019a) beschreibt diesen Weg der letzten 40, 50 Jahre als den Aufbau einer „Gesellschaft der Singularitäten". Er analysiert die gegenwärtigen Lebensverhältnisse in einer milieutheoretischen Perspektive und beschreibt bzw. bewertet sie als ein noch nie dagewesenes Paradies einer nach Authentizität und Selbstverwirklichung strebenden Sehnsucht der Individuen, die in einer hyperkomplexen und hyperschnellen Welt voller Überraschungen und Gleichzeitigkeit von Entwicklungen, von Bildungschancen und unerwarteten Befriedigungsmöglichkeiten materieller wie emotionaler Lebens-Bedürfnisse mündet. Er hält sie für eine neue Romantik, die den immer wiederkehrenden Antagonismus von Sachlichkeit, Logik sowie der materiellen Gestaltung der Welt auf der einen Seite und von Emotionen, Gefühlen und der Hinwendung zu den seelischen Erlebnissen, Reflexionen und Bedürfnissen auf der anderen Seite in eine bisher unbekannte gleichzeitige Doppelung bringt. Im Lebensstil dieser komplexen Gegenwart der „späten Moderne" vollzieht sich nach seiner Ansicht sozusagen eine Individualisierung nicht nur des Menschen, sondern eine bisher geschichtlich unbekannte Aufwertung aller Dinge und Prozesse zu einer gewaltigen Inszenierung von Personen, Dingen, Orten, Ereignissen und Gruppen. Nicht das Sachliche, Kühle, Standardisierte und Allgemeine ist es, was zählt, sondern das Besondere, Außerordentliche, Einmalige, eben das Authentische von Menschen, Erlebnissen, Orten und Gruppen. Die „Valorisierung", die erlebnismäßige Aufwertung durch Inszenierung des Singulären und der Wettkampf aller Individuen mit ihren jeweiligen Singularitäten schafft das Ensemble der Singularitäten, in dem es aber nicht nur Gewinner*innen, sondern auch Verlierer*innen gibt, denn der Wettkampf ist in Zeiten der Globalisierung, Ökonomisierung und Digitalisierung ein globaler und permanenter.

Analysiert man den ökonomischen Neoliberalismus, die Globalisierung und die durchdringende Ökonomisierung aller Lebensbereiche, dann versteht man, warum es in der Gesamtentwicklung der letzten 40–50 Jahre zu einer sozialen Entwicklung im Westen kam, die sich seit dem Ende des vergangenen Jahrtausends zu einer Fontäne des Individualismus, der Individualität, der permanenten Wachstumsvorstellungen sowohl in der Wirtschaft als auch bezüglich des Individuums und seiner gipfelbezogenen Erwartungen und Werte ausprägte. Der Begriff der Ich-AGs als Lebensform wurde zum bekannten Merkmal der Gegenwart, der sich in den verschiedensten Formen Bahn brach.

Was auf der Ebene des Individuums zu der Erwartung der persönlichen Authentizität, der Selbstentwicklung, der Selbstverwirklichung führte und heute noch mit den Fokuspunkten Achtsamkeit und Selbstmitgefühl (mindfulness) verstärkt wird, findet auf der politischen Ebene seine Entsprechungen in dem neuen Nationalismus vieler Länder.

Dies alles zusammen verwirbelte sich nach A. Reckwitz (2019a) im Laufe des letzten halben Jahrhunderts zu einem fulminanten Kulturwandel des Sozialen im Westen, zu einer Kulturisierung des Sozialen, wie er das formuliert: Aus dem Ziel eines guten Lebensstandards wurde das noch höhere Ziel des authentischen Lebensstils. Aus Individuen wurden Individualitäten – Singularitäten –, die in einer historisch einmaligen Wohlstandssituation und einer hochdiversen Heterogenität die Kleidungs- wie Lebensstilaspekte einer globalisierten Welt verwenden, um sich selbst in einer permanent inszenierten Vorgehensweise in eine Lebensform zu bringen, die höchste Zufriedenheit, ja Glück zur Lebensmaxime macht.

Hierzu gehört das Entstehen einer neuen oberen Mittelklasse von Akademikern*innen, die sich aus den Standardisierungen und Engen eines veralteten Industrialismus lösen und aufsteigen will – und dabei auf dem Boden eines historisch hohen Wohlstandes einen Lebensstil entfaltet, für den er den Ausdruck der „neuen Romantik" nahe legt. Faktisch geht das mit der Verdrängung eines Teils der alten Mittelklasse einher, die in den alten Industrien zuhause ist und die tatsächlich absteigt. Deshalb befindet sie sich in einer Gemütsverfassung, für die der Ausdruck „Angst vor dem Abstieg" charakteristisch ist.

Dieser neue Lebensstil der neuen oberen Mittelklasse (Reckwitz 2019a) ist heute weitgehend das hippe Modell unserer Gesellschaft, das in Bildung und Medien stark favorisiert wird. (Wobei „Klasse" ein Begriff ist, den Reckwitz mit Absicht verwendet, aber nicht im alten Marxschen Sinne verstanden haben will.)

Von der persönlichen Identität zum flexiblen Identitätsmanagement.

In diesen komplexen und vielschichtigen Prozessen mutierten das Verständnis und die Alltagspraxis von Identität zu einem permanenten und flexiblen Identitätsmanagement, das durch die Aktivitäten der Individuen in der virtuellen/digitalen Welt eine weitere Steigerung erhält. Identität ist immer weniger ein fixer Status (Lippmann 2018), sondern entwickelt sich – sozusagen parallel zu den gesellschaftlich-ökonomischen Prozessen als permanenter Prozess (Hofmann 2020) und scheint einem (unerfüllbaren) absoluten Soll-Zustand zuzustreben. In einer Multioptionsgesellschaft ist in jedem Fall die Frage berechtigt, wie Identität zukünftig verstanden werden kann und soll. Ob es noch einer gewissen Einheit des Selbst bedarf oder ob die alltäglichen Multioptionen die Kernelemente der Identität auflösen und ggf. permanent neu zu bestimmen sind. Das Vagabundieren zwischen verschiedenen sozialen Situationen, Rollen wie sozialen Milieus, (z. B. als Geschäftsfrau/mann, Mutter/Vater und Fußballfan oder als Kosmopolit oder als Nationalkonservativer) ermöglicht einer Person immer nur ein begrenztes Ausleben unterschiedlicher Bedürfnisse, Wertekanons und situativ erforderlicher Verhaltensweisen. Durch die virtuellen Erweiterungen werden faktisch Identitätsvariationen möglich, die die reale analoge Wirklichkeit ergänzen, ihr aber auch diametral entgegenstehen könne.

Als vordergründiges, aber zutreffendes Beispiel: Ein großer Teil der angeblichen Singles, die im Internet Beziehungen suchen, befindet sich in festen Beziehungen oder Ehen. Ihre virtuelle Präsenz kann sich scheinbar oder anscheinend völlig losgelöst von der analogen entfalten.

Wie oben schon angerissen, greift Reckwitz (2017/2019) den derzeitigen gesellschaftlichen Prozess auf, der weit über eine personenbezogene Individualisierung hinausgeht und sieht in der Entwicklung von Technik und Ökonomie großflächig wirkende Singularisierungs-Generatoren, die „zu paradoxen Agenten des massenhaft Besonderen" (S. 15) werden. Singularisierung bedeutet für ihn, dass in Technologie, insbesondere der Digitalisierung, aber auch in der Ökonomie und der Kultur, die besonderen Wünsche des Individuums immer stärker an Bedeutung gewinnen.

Von vielen Einzelnen wird dabei bewusst oder unbewusst übersehen, dass diese Erfahrungsmöglichkeiten der aktuellen Lebensform eine Folge der seit den späten 70-er/80-er Jahren des vergangenen Jahrhunderts in der westlichen Welt sich ausbildenden „Späten Moderne" darstellt, die durch eine radikale Singularitätsentwicklung des sozialen Lebens gekennzeichnet ist. Sie betrifft dabei aber nicht nur Personen (die „Subjekte") sondern auch gegenständliche Objekte, Orte und Ereignisse sowie gesellschaftliche Gruppen („Kollektive") in vielfältiger Weise.

Diese fünf Kategorien der Singularisierung sind nach Reckwitz die Realisationsdimensionen der von ihm so genannten „Gesellschaft der Singularitäten".

In der postindustriellen Gesellschaft mit ihren historisch bisher einmaligen luxurierten Lebensmöglichkeiten stehen nun nicht nur das Individuum mit seiner Selbstverwirklichung im Zentrum der gelebten Wertewelt, sondern auch und gerade alle Aspekte der Wirklichkeit, die affektiv aufgeladen werden können: Gegenstände wie Personen, Ereignisse und Prozesse wie Kleidung und Selbstdarstellung: Alles bewegt sich in einem romantisch aufgeladenen Markt der Besonderheiten, die einem wettbewerbsorientierten Selbstdarstellungszwang unterliegen.

4.2   Das Glücksdiktat der positiven Psychologie und seine Folgen

Zu diesen eben beschriebene sozialen Entwicklungen gehört eine besondere Strömung in der Psychologie, die als charakteristisch für die Lebensatmosphäre der Gegenwart in unserer „westlichen Welt" gelten kann: die Positive Psychologie und ihre glücksversprechenden bis glücksverabsolutierenden Ziele, Erwartungen und Vorgehensweisen. Sie ist Produkt wie Impulsgeber einer paradiesischen Zukunftserwartung, die Ihre Geschichte vergessen hat und erkennbar einseitig ihre Zukunft sieht.

Schon de Shazer (1990) stellte mit seinem systemischen Ansatz in der Familientherapie eine strikte Lösungsfokussierung in den Vordergrund anstelle der „traditionellen" Fokussierung auf psychische Probleme, Schwächen und einer entsprechend längeren Problembearbeitung derselben. Aber seit den 90-er Jahren entwickelte sich gerade in den USA – und später stark in UK – eine noch positivere Ausrichtung auf die Herausforderungen und Bewältigung des Lebens: Die „Positive Psychologie". In der Zwischenzeit sind die Vertreter*innen dieser Anschauung eine fast weltweite Bewegung geworden, zu deren Hauptvertreter der Amerikaner Martin Seligman und der Brite Richard Layard zählen.

Wie die beiden Professoren Edgar Cabanas (Psychologe) und Eva Illouz (Soziologin) herausarbeiten, sind beide die Köpfe einer z.T positiv, z. T. kritisch zu betrachtenden Bewegung, die sich nicht einfach der Behandlung psychischer Störungen widmet, sondern einer im Ganzen präventiven Weltanschauung, die das Leben positiver, leichter und insgesamt glücklicher machen soll. In Ihrem Buch „Das Glücksdiktat" (Cabanas und Illlouz 2019), setzen sie sich mit den Grundannahmen, den Botschaften und den aus ihrer Sicht mangelhaften wissenschaftlichen Begründungen dieses Ansatzes auseinander.

Seligman, der sich als Psychologe und kognitiver Verhaltenstheoretiker lange Zeit mit Depressionen beschäftigt hatte, griff dabei auf das Konzept und die Gedankengänge von Abraham Maslow (1954) und auch von Carl Rogers (Gesprächstherapie) zurück: Maslow hatte schon Jahrzehnte vorher den Begriff der „Positiven Psychologie" erstmals geprägt, in dem Potenzialentfaltung, Selbstverwirklichung und Sinnerfüllung eine zentrale Rolle spielen. Verständlich also, dass weite Überschneidungen dieser Art der „Humanistischen Psychologie" mit der Positiven Psychologie bestehen.

Seligman wurde 1998 zum Vorsitzenden der APA (American Psychological Association, damals ca. 175 000 Mitglieder)) gewählt und propagierte in seiner Antrittsrede einen neuen Zukunfts-Schwerpunkt für die Praxis wie die Forschung: Anders als in der Vergangenheit sollten nicht mehr psychische Probleme, Defizite, Störungen und Krankheiten im Vordergrund stehen, sondern die positiven Möglichkeiten für ein gelingendes Leben. Nicht zuletzt nach seinem Impuls wurden „Glück" und Selbstentfaltung bzw. Selbstverwirklichung zu zentralen Werten zuerst der amerikanischen und im Verlauf der Entwicklung auch in westlichen Wohlstandsgesellschaften. Cabanas und Illouz (2019) weisen in diesem Zusammenhang darauf hin, dass die starke Betonung des

Individuums deutliche Bezüge zu der seit den 70- und 80-er Jahren erfolgreichen amerikanischen neoliberalen Wirtschaftsphilosophie der Chicagoer Schule um Milton Friedman (1971) aufweist, die die Freiheit und die Verantwortung des Individuums massiv in den Vordergrund gestellt hatte – und weniger die strukturellen Rahmenbedingungen sowie auch die Verantwortung des Staates für das Schicksal des Einzelnen.

Nicht zu vergessen ist nach unserer Auffassung dabei, dass es sich um eine Euphorie getriebene Hoch-Zeit der Computerisierung und der „New- Economy" handelte, die noch auf ihren ersten Crash um die Jahrtausendwende zusteuerte.

Seligman war ein guter Erzähler, der nicht nur seine Fachkollegen*innen, sondern auch gewichtige Geldgeber*innen überzeugte, die ihn mit ungewöhnlich hohen finanziellen Mitteln ausstatteten. Maßgeblicher Förderer war u. a. Sir John Templeton, dessen ultrakonservative religiöse John Templeton Foundation ihn schon in den ersten Jahren mit über Millionen Dollar ausstattete. Weitere Geldgeber waren u. a.: die Maerson Foundation, die Atlantic Philanthropies, die Gallup Organisation und die Robert Wood Johnson Foundation, die ihm 2008 ca. 3.7 Mio. US$ zukommen ließ. Auch Coca-Cola war offen für eine Untersuchung, um die Produktivität zu steigern sowie „arbeitsbedingten Stress und Angstzustände abzubauen und die Beschäftigten stärker auf die Unternehmenskultur einzustimmen", wie Cabanas/Illouz ausführen (2019, S. 39).

Erwähnenswert finden sie auch das Projekt „Comprehensive Soldier Fitness" (CSF) der US-Armee, das diese für mindestens 145 Mio. US$ seit 2008 mit Vertretern der Positiven Psychologie durchführen ließ, darunter Barbara Fredrickson und Martin Seligman. Die Ziele dieses Programms beschrieb Seligman in der Zeitschrift *American Psychologist"* für ein breites Publikum: Soldaten und anderes Militärpersonal in positiven Gefühlen, Glück sowie Sinnstiftung zu trainieren, um „eine unbezwingbare Armee" zu schaffen (Cabenas und Illouz 2019, S. 32). Auch andere Länder und andere Institutionen in Europa und Asien folgten diesem Ansatz: z. B. die Vereinigten Emirate, Indien und China.

Mit diesen Zielen, Werten und Konzepten lieferte die Positive Psychologie ein Pendant zum populären Zeitgeist, den es selbst mitformte und von diesem wiederum geformt wurde. Ihre Botschaften kamen gut an und trafen auf ein sehnsuchtsvolles individualistisches Publikum, das neuen Erlösungs-Verkündungen gegenüber geradezu schmachtend aufnahmebereit war. Ein individualistisches Publikum und eine Ich-AG-versonnene Gesellschaft sowie neoliberale Wirtschaftstheoretiker und Soldaten-Verantwortliche gingen eine fragwürdige Allianz ein, die die Verantwortung klar zuwiesen: Dem selbstverliebten Individuum, das für jedes Geschehen die Verantwortung alleine zu übernehmen hat (Reckwitz 2019, S. 212 ff.)!

Die Antworten der Positiven Psychologie gelten bei ihren Vertretern*innen als wissenschaftlich sauber basiert und gut verallgemeinerbar. Kritiker wie Cabanas/ Illouz und Reckwitz zweifeln das allerdings erheblich an.

Zu betonen ist, dass von den Vertretern*innen der Positiven Psychologie die Antworten auf die oben gestellten Fragen und die Ergebnisse ihrer Untersuchungen nicht nur als gültig für die Individuen, sondern ebenso für Unternehmen/Organisationen und für die Gesellschaften im Allgemeinen für zutreffend gehalten werden. Ob Familien oder Schulen bzw. auch andere Erziehungs- und Bildungseinrichtungen in der Betrachtung oder Teams im Arbeits-, Unternehmens oder dem sonstigen Organisationsbereich gemeint sind: Ziele wie Grundprinzipien, Werte, Einstellungen und die Gefühle, um die es geht, befinden sich in einem gemeinsamen Korridor. Kennzeichnend ist immer das Ziel, die Themen, um die es geht, nicht von der Problemseite her zu betrachten oder zu bearbeiten, sondern von der optimistisch gesehenen Lösungs- bzw. Zielseite! D. h., es geht „immer" um positive Gefühle, um Stärken, nicht Schwächen, um Selbstwirksamkeit und Selbstmitgefühl anstatt um Probleme und Leid. Aber auch um Anerkennung und Wertschätzung für andere. Es geht um gelingende zwischenmenschliche Beziehungen anstatt um die Probleme in einer Beziehung. Es geht weniger um Stress, dafür mehr um Resilienz. Nicht Krankheit steht im Vordergrund, sondern die Gesundheit und das (eigene) Wohlbefinden.

Umgesetzt und trainiert werden dieses Verhalten und die angestrebten Einstellungsänderungen durch eine konsequente Fokussierung auf die positiven Aspekte des täglichen Lebens bzw. durch ein permanentes Üben der positiven Einstellungen auch unter schwierigen Bedingungen. Beispiele dieser „Wasserglas: halb voll!"-Einstellung können z. B. sein:

– Der/dem Partner*in oder Freunden*innen wie Bekannten jeden Tag 2 positive Dinge zurückmelden
– Drei gute Dinge des Tages am Abend in ein Tagebuch schreiben
– Anderen in einer Diskussion sagen, was man von ihnen jetzt gerade gelernt hat
– Eine höfliche Geste im Umgang mit anderen, ob Bekannten oder Fremden....

Diese „acts of kindness" können eine erheblich positive Wirkung auslösen: Durch die positive Wirkung auf die Empfänger*innen und das darauffolgende Feedback in Form von Zuwendung, Anerkennung und Wertschätzung für die/den Sender*in.

Diese Haltung soll aber nicht allein im kommunikativen Kontakt, d. h. der Interaktion zwischen Menschen als Individuen stattfinden, sondern auch – oder sogar vor allem – in der Interaktion mit sich selbst: Es geht um Achtsamkeit, den zweiten großen Begriff der Positiven Psychologie, der in den letzten 20 Jahren für

Furore sorgte! In vielen Fällen mit positiven Folgen für das eigene Erleben, Verhalten und das, was man heute „Persönlichkeitsentwicklung" nennt.

In der Interaktion mit anderen Menschen – ob beruflich oder privat – geht es also einerseits primär um Selbsterkenntnis, Eigenaktivität, Eigenverantwortung und andererseits um einen positiven Umgang mit Anderen. Die Nähe zu christlichen Grundvorstellungen ist unverkennbar (Christliche Liebe und Nächstenliebe), vielleicht sogar mit evangelikalen Zügen – aber im Gewand einer psychologischen Konzeption.

Es ist auch nicht zu vergessen, dass schon Aristoteles (384–322 v. Chr.), Epikur (341–270/271 v. Chr.) sowie Seneca (1–65 n. Chr.) und Epiktet (50–135/138 n. Chr.) gedankliche Vorarbeiten in diese Richtung geleistet haben, z. B. Epiktet – ein Vertreter der Stoa – mit seiner Erkenntnis: „Es sind nicht die Dinge selbst, die uns beunruhigen, sondern unsere Vorstellungen (und Meinungen) von den Dingen!" (Gute Zitate, letzter Google-Abruf am 29.8.2020). Womit er eine gedankliche Grundeinsicht formuliert hatte, die nicht zuletzt auch in die theoretische Position der Rational-Emotiven Therapie nach Ellis (Ellis und Grieger 1979) eingeflossen ist.

Früher sagte man Geisteshaltung und sprach von den Haltungen der Guten und Schlechten. Heute sagt man Einstellung, Perspektive und Perspektivwechsel. Aber wie schon Griechen und Römer erkannten, liegt das Entscheidende in der Sichtweise der/des Betrachters*in bzw. des/der Handelnden und in ihrer/seiner inneren Entscheidung, worauf sie/er sich einlässt und konzentriert.

Ein Begriff fehlt noch in der Aufzählung wichtiger Schlüsselbegriffe der Positiven Psychologie, der noch einmal zurückführt auf den Anfang der Bewegung und seine frühen Wurzeln und Parallelitäten zu den verschiedenen humanistischen Ansätzen: Authentizität!

Heute muss man selbstverständlich authentisch sein, um sich wohlzufühlen, erfolgreich zu sein und glaubwürdig überzeugend zu wirken: Echt, stimmig, dem Selbst entsprechend. Authentisch muss man sein – aber auch ständig dabei sein, das eigene Potenzial zu verwirklichen. Sosehr sich das erste (Authentizität) auf die Unbedingtheit eines inneren Kerns bezieht, sosehr verlangt die sich fast virusartig verbreitende Forderung zur und Förderung der Selbstverwirklichung auch ein anderes: Von der Befreiung des Individuums zur Steuerung der Volksgesundheit.

Mit dem Gründungsmanifest der Positiven Psychologie von 1998 schuf Seligman in mehrfacher Hinsicht die Basis für eine wirtschaftlich interessante Strategie. Er leistete damit auch einer starken Markt-Entwicklung Vorschub, die sich für Psychologen*innen, Pädagogen*innen, Sozialpädagogen*innen und andere Gesellschafts- bzw. Sozialwissenschaftler*innen sowie völlig anders ausgebildete Personen als zunehmend lukrativer Markt erwies. Coaches,

Persönlichkeitsentwickler*innen unterschiedlicher Couleur, Weiterbilder*innen und Selbsthilferatgeber*innen mit völlig verschiedenen Kompetenzen und Angebotsschwerpunkten breiteten sich in einem zunehmend wachsenden Markt erfolgreich aus, der die positive Botschaft gerne aufnahm.

Cabanas/Illouz halten dazu fest: „In weniger als einem Jahrzehnt verzehnfachten sich Umfang und Einfluss der akademischen Forschung zu Glück und von verwandten Themen wie subjektivem Wohlbefinden, Stärken und Tugenden, positiven Gefühlen, Authentizität, menschliches Wachstum, Optimismus und Resilienz." (Cabana und Illouz 2019, S. 34).

In der Psychologie, der Therapie, den Politikwissenschaften, der Neurowissenschaft und vielen anderen akademischen Disziplinen wie auch in Management-Konzepten und ganz allgemein in Unternehmen bzw. Organisationen fand man offene Ohren für die Themen „positives Denken", „positive Gefühle" und „Aufblühen" („flourishing"). Der Hinweis auf un-vollendete, un-entwickelte oder unterentwickelte eigene Potenziale war die frohe Botschaft, die großes Interesse auslöste.

„Aber auch nichtakademische Psychoexperten... Selbsthilfeautorinnen, Coaches aller Art, Motivationsredner, Managementtrainerinnen, Lernberater " hatten ihren Marktanteil – und ihren wirtschaftlichen wie persönlichen Nutzen (Cabana und Illouz 2019, S. 35). Unterstützt und wirkungsmächtig wurde die Glaubwürdigkeit des Ansatzes nicht zuletzt durch die Entwicklung verschiedener Glücks-Mess-Instrumente wie z. B. des „Oxford Happiness Inventory" (OHI) oder die „Satisfaction With Life Scale" (SWLS) und eine Reihe anderer Messinstrumente, die versprachen, „Glück" offenbar wissenschaftlich sauber zu verobjektivieren.

Interessanter Weise ergab sich daraus eine unerwartete Verbindung zwischen der psychologischen wie der ökonomischen Disziplin, die sich beide um die Operationalisierung ihrer jeweiligen Perspektiven und Annahmen bemühten und feststellten, dass es eine Vielzahl inhaltlicher Überschneidungen gibt (siehe z. B. den Wirtschaftsnobelpreis 2002 für den Psychologen Daniel Kahnemann oder die Veröffentlichungen des später ebenfalls mit dem Nobelpreis geehrten Verhaltensökonomen Richard Thaler). Daraus entstand ein starker Sog u. a. zum politischen, bzw. dem gesundheitspolitischen Umfeld, besonders in den USA und England. Gerade in England wurden die Ideen von Richard Layard aufgegriffen, der um das Jahr 2000 herum die Regierung Blair beriet sowie von 1993 – 2003 das Center for Economics Performance der London School of Economics führte. Dort war er Gründer und Leiter der „Wellbeing Programme" (Cabenas und Illouz 2019).

Layard trat als Politiker für die utilitaristische Überzeugung ein, dass es Aufgabe der Politik sein müsse, für das größtmögliche Glück möglichst vieler Menschen einzutreten, was er seit dem Jahr 2000 als Mitglied des House of Lords aktiv umsetzte.

Fazit zum Glück

Wohlbefinden und Glück nicht einfach als vorübergehendes Erleben, sondern als ersehnte Dauerhaftigkeit des Außerordentlichen wurde zunehmend zum propagierten Ausdruck dessen, was Maslow schlicht mit „Selbstverwirklichung" beschrieben hatte. Über die Zeit etablierte sich dadurch eine neue hohe Norm der weltlichen Glückseligkeit, die es zu erreichen galt. Die Gefahr dabei war und ist noch immer: Die Maßstäbe können noch immer – und immer wieder – so hoch driften, dass Ihr Nichterreichen auch immer häufiger und wahrscheinlicher wurde – was das Erleben von Misserfolgen oder erlebter Nichterfüllung um den Preis wachsender Unzufriedenheit auf hohem Erfüllungs-Niveau näher rücken ließ – und dadurch möglicherweise in eine endlosen Spirale führt.

Auf diesen gewachsenen gesellschaftlichen Zirkel-Bedarf und der Sehnsucht nach praktischen Hinweisen zum Erreichen des Glücks stieß die Positive Psychologie in den vergangenen 30 Jahren mit ihren Möglichkeiten, Zielen und Versprechungen. Psychologie und Ökonomie verbanden sich dabei in einem langen Prozess sozusagen familiär: Heraus kamen die Sehnsucht nach einem ständigen Wachstum – wirtschaftlich wie persönlich: Interessanter Weise ergab sich daraus eine unerwartete Verbindung zwischen der psychologischen wie der ökonomischen Disziplin.

Für das Coaching bedeutete diese Entwicklung eine enorme Chance und eine enorme – wenn auch meist übersehene – Gefahr gleichzeitig: Die Eingliederung eines ehemals hochangesehenen Konzepts – nämlich Coaching – in die nivellierende Nähe zu vielen weniger qualifizierten Kopien, Me-Too-Produkten und begriffssuggestiven Versprechungen aus dem Well-Beeing- wie dem Fitness-Bereich und den spirituellen Selbst-Erlösungs-Szenen, die sich immer mehr mithilfe von Tracking-Apps als Frontrunner der individuellen Selbstentwicklung darstellen.

Coaching, so muss man es immer wieder betonen, hatte sich ursprünglich Ende der 70-er Jahre aus einer trainings-orientierten Entwicklungshaltung von Vorgesetzten im Business gegenüber ihren Mitarbeitern*innen zu einem mit bewährten therapeutischen Persönlichkeits-Entwicklungskonzepten verwoben. Durch die Methoden der empirischen Psychologie entwickelte es sich zu einem angereicherten Konzept, das in zwei gegenläufige Strömungen geriet: Einerseits wurde es durch die zunehmende wissenschaftliche Forschung immer erfolgreicher belegt – und somit eigenständiger. (siehe z. B. Grant 2009; Böning 2015) Andererseits wurde es im Laufe der letzten 30 Jahre zunehmend attraktiver für naheliegende andere Lern-, Entwicklungs- und Beratungs-Aktivitäten am und mit Menschen.

Coaching und die digitale Welt 5

Mit der Digitalisierung von Coaching wollen wir ausgewählte Themen und Felder aufgreifen, die aus unserer Beobachtung eine hohe Relevanz für die zukünftige Entwicklung von Coaching besitzen. Es sind die Facetten des online-Coachings und die Angebote der Coaching Plattformen, bei denen wir gravierende Veränderungen des Coaching-Prozesses und des Coachingmarktes vermuten.

5.1 Online-Coaching

Der Begriff Online-Coaching wird vielfältig genutzt, wobei zum einen die Unterscheidung bzw. Gleichbedeutung mit virtuellem Coaching auffällt, zum anderen eine Vielzahl weiterer Formate unter diesem Begriff subsumiert werden: Coaching über Skype, Zoom, WEbex etc., VideoCoaching, Chatberatung, Telefoncoaching, digitales Coaching, e-Coaching, remote coaching, distance coaching, i-coaching, Voice-over-IP, Coaching über Plattformen, Messenger-Coaching usw. ... (Heller und Koch 2018) Zudem werden synchrone und asynchrone Formate differenziert. Bei den synchronen Formaten sind Coach und Kunde*in zeitgleich miteinander in Verbindung, können sich hören und ggf. sehen, sie können einen direkten Kontakt und Dialog aufbauen. Die synchrone, medial verknüpfte Zusammenarbeit zeichnet vor allem durch geringe Reisekosten, eine zeitliche und räumliche Flexibilität für beide Parteien und eine weltweite Kontaktmöglichkeit aus. Coach wie Coaching-Partner*in können aus den unterschiedlichsten Zeitzonen und geografischen Regionen miteinander im Kontakt bleiben.

Bei asynchronen Formaten finden Bearbeitung bzw. Kontakt zeitversetzt statt. Während die eine Person eine Mail verschickt oder eine Sprachnachricht versendet, wird die empfangende Person die Nachrichten erst zu einem späteren

Zeitpunkt abholen. Dieser kommunikative Austausch wird dann vice versa fortgesetzt. Der besondere Nutzen des asynchronen Dialogs liegt darin, dass jede Peron zu jeder beliebigen Zeit aktiv werden kann und dass die antwortende Person sich ihre Antworten in Ruhe überlegen kann. Daher wird beim asynchronen Coaching die individuelle Reflexionszeit als ein wichtiges Wirkungskriterium angesehen. Flexibilität sowie Selbststeuerung und ein erhöhtes Kontrollgefühl des Kunden*innen gelten als weitere zentrale positive Charakteristika (Berninger-Schäfer 2018). Einzelne Beobachtungen sprechen hier von einer relevanten Metakommunikation, durch die die Möglichkeit der Selbstbeobachtung und des reflektierten Selbstgespräches entstehen können (Adler und Carolus 2020, S. 47).

Bei beiden Formaten müssen Coaches ihre Medienkompetenzen erweitern und sich intensiv mit den medialen Herausforderungen befassen. Je besser sie Internet, Social-Media oder digitale Coachingtools beherrschen, um so variabler kann ihr Coaching-Prozess gestaltet werden.

Für die Weiterentwicklung von Coaching ist zu vermuten, dass sich Online-Coaching in Zukunft in vielen seiner unterschiedlichen Formen ausweiten wird: dass

- gerade die jüngere Generation derartige Formate schätzt,
- die Kontaktformen im Coaching hybrider werden, u. a. in der Mischung von Präsenz, Face-to-Face und Online sowie virtuellem Coaching- also sich Blended Coaching- Formate entwickeln,

Erste Untersuchungen zeigen, dass Online-Coaching wirken kann, dass auch eine Beziehungsqualität zwischen Coach und Coaching-Partner*in als zentralem Wirkfaktor aufgebaut werden kann und dass das Erleben in unterschiedlichen digitalen Welten durchaus seinen Reiz für interessierte und digitale Experten*innen haben kann (Berninger-Schäfer 2018).

Wir müssen auf eine Entwicklung hinweisen, die in Anlehnung an die digitalen Fortschritte in der Medizin, in absehbarer Zukunft auch für Coaching relevant sein wird: Coaching durch eine Maschine bzw. einen Roboter. Was Hotlines von Versicherungen bereits können, z. B. das Aufnehmen des Kundenanliegens und eine maschinelle Führung durch die ersten Schritte des Prozesses, wird beim Coaching heute erst in wenigen Angeboten realisiert. Aber was bedeutet das für morgen? Einige Plattformen und Apps bieten derartige Dienstleistungen bereits an und können sich über zunehmende Zahlen interessierter Kunden*innen erfreuen. Insbesondere beim Einstieg in einen Coachingprozess ähneln sich z. B. viele Fragestellungen und Anliegen. Maschinen werden über kurz oder lang diesen Prozess als ein Coaching first-level support übernehmen können.

Maschinelles virtuelles Coaching

Virtuelle Coaching Tools und Apps bieten heute bereits die Möglichkeit eines spezifischen Zugangs zum Coaching, der völlig unabhängig von einem realen/ menschlichen Coach gestaltet wird (Beispiele siehe Heller et. al. 2018): Kunden*innen können sich selbstständig und autonom in dieser Welt bewegen, beantwortet die vorgegebenen Fragen für sich und erhält eine erste Auskunft bis zu einer ersten Diagnose. Selbst Lösungswege werden z. T. offeriert, die Kunden*innen annehmen oder verwerfen kann. Eine Begründung für seine Entscheidung ist weder notwendig, noch muss sie einem Coach gegenüber präsentiert werden. Die/der Kunde*in behält insofern eine relativ große Autonomie, ist nur sich selbst gegenüber verpflichtet und kann den Coachingprozess jederzeit fortsetzen oder abbrechen. In diesem Sinne bietet dieses Autonomieversprechen einen großen Reiz und nimmt die Selbstbestimmung der/s Kunde*in ernst. Auf der anderen Seite ist kritisch zu fragen, ob jede/r Kunde*in eine angemessene Selbstkompetenz besitzt und andere Wahrnehmungs- wie Bewertungs-Perspektiven richtig erkennen, interpretieren und schätzen lernt, die sich oft erst in der Auseinandersetzung mit einem anderen professionellen Kompetenzträger*in oder einer/m erlebten Dialog-Partner*in ergeben (können). Diese Form des erkenntnisgewinnenden Dialogs können maschinell operierende Coachingformate (bisher?) nur begrenzt oder gar nicht bieten. Daher sollten derartige Formate als ein niederschwelliges Beratungsangebot bezeichnet werden, für die kritisch gefragt werden muss, inwieweit hier der Begriff „Coaching" überhaupt angebracht ist.

Mit diesen Überlegungen bewegen wir uns allerdings auf einem sehr glatten Parkett: Bei Ärzten*innen erleben wir eine professionelle Spezialisierung in Chirurgie, Kardiologie, Zahnheilkunde etc., bei Rechtanwälten*innen kennen wir Spezialisierungen in Arbeitsrecht, Versicherungsrecht, Verkehrsrecht, Strafrecht etc. Die Konsequenz dürfte auf der Hand liegen: Es könnte Vergleichbares auch für Coaching eintreten! Auch hier gibt es Spezialisten*innen für verschiedene Themen und Zielgruppen mit unterschiedlichen Erfahrungen und Milieukompetenzen: Nicht alles muss sozusagen von hochrangigen Universitätsspezialisten*innen geleistet werden, sondern in vielen Fällen hilft schon die Hausärztin/der Hausarzt. Insofern können wir uns durchaus vorstellen, dass es Themen, Fragen und Situationen gibt, die einen Zugang für ein klar strukturiertes Vorgehen mit einer eher geringen Komplexität erlauben. Eine kurze Reflexion, ein schneller Ratschlag oder eine pointierte Einschätzung können selbstverständlich einen ersten Schritt zu einer weitergehenden Beschäftigung mit sich selbst oder tieferen persönlichen Fragestellungen darstellen.

Der Vorteil: Für eine/n Kunden*in ist dieser erste Zugang jederzeit und an jedem Ort möglich. Wenige Clicks im Internet – und schon befindet man sich in rudimentären Schritten am Anfang eines Selbst-Coaching-Prozesses. Der hohe Grad der Selbstbestimmung suggeriert eine zumindest vordergründige Intensität mit einem andererseits geringen Grad an (Selbst-)Verpflichtung. In einer schnelllebigen Zeit, die durch Kurzstatements von Twitter und andern digitalen Kommunikationsformen geprägt ist, wird es ein bestimmtes Kundenpotenzial geben, das mit genau diesen Formaten zufrieden sein kann und wird. Hierzu ist allerdings ein viel weiter entwickeltes differentialdiagnostisches und handlungsspezifisches Interventionskonzept für Coaching erforderlich, als dies heute üblich ist!

Online-Coaching weltweit

Eine zunehmende Besonderheit des Online-Coaching sind Formate, die von (oft selbsternannten) Coaches mit unklarer Kompetenz angeboten werden und auf Live-Videos, Webinaren, Blogs, YouTube, Apps etc. präsentiert werden. Diese Coaches bieten über das Internet Themen an, die aus ihrer Sicht als Coachingthemen definiert werden. Titel derartiger Coachingangebote sind z. B.: Selbstbewusstsein stärken; Life in Excellence; Aufwachmedizin; Tu was du willst; Realizer; Lass' es Dir gut gehen – und unendlich viele mehr. Das Besondere an diesen Angeboten liegt nicht allein darin, dass Themen angeboten werden und Versprechungen avisiert werden, die auf eine hohe Resonanz stoßen. Das Besondere liegt nach unserer Einschätzung gerade darin, dass sich hier ein Zentralaspekt des ursprünglich konzipierten Coachingprozesses umkehrt: Nicht der Coachee formuliert seine Themen für das Coaching, sondern der Coach. Ein alter Kernaspekt des ursprünglichen Coaching-Verständnisses lautete ja: „Hilfe zur Selbsthilfe!" Die hier kritisierte Namensverwendung „Coaching" verweist in den gemeinten Fällen auf den Warenhaus-Charakter des Prozesses und ist nichts anderes als eine Verkaufstaktik des Verkäufers: Der Coach (Trainer*in oder Speaker oder…) präsentiert seine Spezialität über das Internet und der Coachee greift sie auf oder verwirft sie. Der Coach bietet etwas an, was er als inhaltlich sinnvoll und für sich ökonomisch wertvoll (im doppelten Sinn) findet. Viele dieser Coaches (Beispiele sind u. a. Veit Lindau, Martin Uhlemann, Ka Sundance, Conni Biesalski) erarbeiten ein auf die eigene Person ausgefeiltes Angebot über verschiedene Social Media Kanäle (incl. Instagram, Twitter, Google+), verbreiten es im Internet und warten auf Teilnehmende. Diese Angebote haben sich in den letzten Jahren von klein auf etabliert und können mittlerweile auf 10.000de von Teilnehmenden oder besser gesagt Followern schauen. Die Frage, die sich hier begrifflich und semantisch stellt, lautet: Befinden wir uns hier noch im Coaching oder sind wir auf der Ebene von Seminarleitern*innen, Vortragenden, Speakern, Esoterikern*innen, Unterhaltungskünstlern*innen oder einer „Influencer" genannten Vertriebs-Spezies?

Der angebliche Coachingprozess, der sich bei einem derartigen Vorgehen ergibt, erhöht die Autonomie der/des Kunden*in in fragwürdiger Weise. Zwar entscheidet die zu Recht „Kunde*in" genannte Person eingangs ihren Bedarf, ihren Auslöser und ihr Anliegen, sucht oder findet einen passenden und selbst gelabelten „Coach" im Internet, nähert sich als mehr oder weniger anonyme/r Zuhörer*in den Themen des Coaches.

Wenn der/dem Kunde*in die Vorträge, Filme, Blogs etc. des Coaches gefallen, nimmt er in der Regel an einem Webinar teil. Alle diese Schritte finden noch ohne direkten Kontakt zu dem sich „Coach" nennenden Trainer*in/Speaker statt. Erst wenn ein weitergehendes Anliegen der/des Kunden*in besteht, nimmt sie/ er Kontakt zum Coach auf, sei es digital oder analog. Was ein solcher Prozess mit einem professionellen und wissenschaftlich begründeten „Coaching" zu tun hat, erscheint ausgesprochen fraglich. Die berufliche Qualifikation dieser Propheten*innen darf infrage gestellt werden. Unsere kritischen Hinweise beziehen sich weniger auf die Gestaltung des Prozesses von der Annäherung der/ des Kunden*in an den online Coach, unsere Kritik richtet sich vor allem an die inhaltliche Ausgestaltung der Themen und Prozesse und die oft an der Positiven Psychologie angelehnten Methoden und Darstellungen.

5.2 Coaching und die Wirklichkeit der Plattformen

Immer größere Teile der Wirtschaft bauen klassische ‚Pipeline- Märkte' zu ´Platt- form'- Märkten um. Industrie-Plattformen werden zur dominierenden Markt- Architektur unserer Zeit werden. Digitale Plattformen werden immer mehr zu den ‚unsichtbaren Motoren' unserer Wirtschaft. Es gibt Stimmen, die gar vom Beginn des ‚Plattform-Kapitalismus' sprechen.", so Ansgar Baums (2020)

Den Kern der Plattform stellt die technische Infrastruktur dar. Hinzu kommen die Programme und Dienstleistungen (die Peripherie), die von Applikationsent- wicklern*innen hergestellt und an die Nutzer*innen verkauft werden. Die dritte Komponente stellen die Endnutzer*in dar, die Kunden*innen des Plattform- betreibers wie auch der Apps sind. Wichtig ist in der Konstruktion die Rolle des Plattform-Leaders, der sowohl die Interessen der Peripherie wie auch jene der Nutzer*in ausbalancieren muss, um sie als Kunden*innen halten zu können.

Aus wirtschaftlicher Sicht senken digitale Plattformen hoch effektiv die Transaktionskosten, weil nur ein einziger Platz als Austauschort zwischen Herstellern*in und Käufer*innen erforderlich ist.

Charakteristisch für diese Plattformen sind weiterhin die starken Netzwerk- Effekte, weswegen bei Startups das Wachstumsprinzip ganz wesentlich ist – nicht unbedingt ein vollständiges Geschäftsmodell -, weil nur so die angestrebten Skaleneffekte erreicht werden können. Hinzu kommt die typische Zukunftseinstellung gerade der Silicon Valley-Bewohner*innen, dass bei aller Unvollkommenheit des organisatorisch Geschaffenen ein passendes Geschäftsmodell vermutlich schon rechtzeitig gefunden werden kann.

Plattformen sind keine statischen „Organisationen", weil sich z. B. die Grenze zwischen dem „Kern" und der Peripherie verschieben kann, wie das im Fall von Microsoft deutlich wurde, als Microsoft in sein neues Betriebssystem Version 95 einen Media Player integrierte.

Allerdings können auch jene Fälle auftreten, in denen sich Plattformen für das Ökosystem öffnen, was z. B. durch technologische Entwicklungen ausgelöst werden kann. Schließlich können überholte Plattformen auch komplett abgelöst und durch neue ersetzt werden, wie dies z. B. in der Reihenfolge von VHS- über DVD – schließlich (bisher) zu Blueray-Plattformen geschehen ist.

Ob das klassische Bankgewerbe, die Landwirtschaft, Medizin, Steuerberatung oder Juristentätigkeiten: Alles steht vor der radikalen Veränderung zur Digitalisierungswende. Lag der Schwerpunkt des Begriffs „Industrie 4.0" noch vor fünf Jahre klar auf der Digitalisierung der digitalen Produktion in den Fabriken, geht in der Zwischenzeit der Begriff und die damit gemeinten Inhalte weit über die Fabrik „alten" Stils hinaus. Es geht schon lange nicht mehr einfach um die Digitalisierung der Produktion durch die Digitalisierung des Produktionsprozesses, sondern um die Digitalisierung fast aller Lebensbereiche – ob Smart Home, Maschinen- und Anlagenbau, e-Mobility oder die Digitalisierung – oder eben auch Coaching.

5.2.1   Social Media Plattformen

Der kurze Ausflug in den Bereich der Social Media Plattformen vermittelt ein Gefühl für die Geschwindigkeit der Entwicklung in den sozialen Netzwerken und ihre Bedeutung für den privaten, den allgemeinen gesellschaftlichen wie auch für den Wirtschaftsbereich.

Schon 2004 gehen sowohl Facebook wie YouTube online. Facebook – ursprünglich als soziales Netzwerk für Harvard-Studenten*innen konzipiert – wurde in weniger als einem Jahrzehnt zum Inbegriff von „Social Media" überhaupt. YouTube ist eine Online-Plattform, auf der User ihr selbst erstellten Videos bzw. Clips hochladen können. Heute ist YouTube die beliebteste Video-Plattform weltweit.

Schließlich sind noch LinkedIn und Xing aufzuführen, deren Netzwerke sich stark auf den Business- bzw. auf den akademischen Bereich beziehen, wobei sich Xing in Deutschland mehr auf den Personalbereich zu beziehen scheint als LinkedIn, das aber dafür deutlich vertriebsorientiert wird.

Gerade die immer noch aktuelle Corona-Krise, die uns beim Abfassen des vorliegenden Artikels unmittelbar erfasste und bis heute noch beschäftigt (im Mai-August 2020), machte an dieser Stelle einen dramatischen Anstieg notwendig, Coaching-Sessions per Telefon, Skype, Zoom, Go to meeting oder Teams (oder andere) Plattformen zu nutzen, um – wie in unzähligen anderen Branchen auch – unserer Beratungstätigkeit überhaupt noch nachgehen zu können.

Diese knappen Ausführungen sollten die ungeheure Entwicklungsdynamik spürbar machen, die auch das Coaching-Feld erfassen wird. Weswegen sich die Branche damit unvergleichlich viel mehr damit auseinandersetzen muss, als sie es faktisch tut: Denn eine absolut disruptive Veränderung für die Branche steht an! Wenden wir uns also dem zu, was es bereits gibt:

5.2.2 Coaching-Plattformen: Happify & Co

Zu den drei wichtigsten Coaching-Plattformen in Deutschland zählen z.Zt. die folgenden, die im Text als pars pro toto für das sich ändernde Geschäftsmodell dargestellt werden:

1. **Happify,**
gegr. 2012 von Tomer Ben-Kiki, Ofer Leidner und Andy Parsons
Happify spricht den Einzelnen an, bietet aber explizit auch Unternehmenslösungen an.
Auf der Homepage heißt die animative Überschrift: „Meistere Stress und negative Gedanken. Steigere Resilienz". Geboten werden „... effektive, evidenzbasierte Lösungen für mehr Gesundheit und Wohlbefinden im 21. Jahrhundert."
Vorgestellt u. a. schon in „The New York Times", „Forbes" und „The New Yorker" gilt sie als die erfolgreichste Plattform zum persönlichen Coaching.
Die Aufforderung lautet: „Durchbreche alte Muster, forme neue Gewohnheiten". Die Botschaft lautet: „Es ist entscheidend, wie du dich fühlst. Egal, ob du dich traurig, besorgt oder gestresst fühlst: „Happify" bietet dir effektive Werkzeuge und Programme, die dir helfen, die Kontrolle über Deine Gefühle und Gedanken zu übernehmen. Unsere bewährten Techniken wurden von führenden Wissenschaftlern und Experten entwickelt, die auf dem Gebiet der

Positiven Psychologie, der Achtsamkeit und der kognitiven Verhaltenstherapie seit Jahrzehnten evidenzbasierte Interventionen untersucht haben. ... Unsere spannenden Aktivitäten und Spiele können jederzeit und überall verwendet werden – auf deinem Smartphone, Tablet-PC oder Computer. Ein wenig Zeitaufwand kann große Veränderungen bewirken..."
(Letzter Abruf: 28.5.20)

2. **Sharpist,**
gegr. 2018 von Fabian Niedballa, Dominik Lahmann und Hendrik Schriefer
Die nach eigenen Angaben weltweit tätige Coaching-Plattform konzentriert sich stark auf den Unternehmensbereich und dort auf Führungskräfte, um das wirtschaftliche Wachstum zu befördern. Die entsprechenden Branchenangaben für Deutschland sprechen für einen branchenübergreifenden Ansatz.
Sharpist bietet eine Kombination aus einem individuellen Coaching und maßgeschneiderten Inhalten. Die individuell präsentierten Coaches haben sehr verschiedene Hintergründe.
Wie Sharpist betont, ist die Sharpist App „der Zugang zu dem (dahinter liegenden) digitalen Ökosystem". Man kann hier seine berufliche Weiterentwicklung planen, Selbsteinschätzungen vornehmen, personalisierte Entwicklungspläne erstellen, persönliche Gespräche mit einem Coach durchführen, um berufliche Entwicklungspläne zu reflektieren, Micro-Tasks in den Zwischenzeiten abarbeiten sowie eine Anzeige über die jeweiligen Lernfortschritte erhalten.
Hier liegt der Schwerpunkt eindeutig im Business-Bereich und der Einbeziehung des Unternehmens in eine Unternehmenskulturanalyse
(Letzter Abruf: 28.5.20)

3 **CoachHub,**
Gegr. 2018 von Yannis und Matti Niebelschütz
Auch die wesentlich kleinere Plattform CoachHub (bisher ca. 50 Mitarbeiter, residierend in Berlin) verspricht auf ihrer Homepage viel: „Explore the greater you.
CoachHUb ist die digitale Coaching-Plattform, um ihre High Potentials mit personalisierten Coachings durch erfahrene Leadership-Coaches zu inspirierenden Führungskräften zu entwickeln."
„Indem wir Coaching für jeden zugänglich machen, können Ihre Mitarbeiter ihr volles Potential entfalten und den Erfolg Ihres Unternehmens vorantreiben... CoachHub ist die „Mobile Coaching Cloud" und ermöglicht personalisiertes Coaching für Mitarbeiter aller Karrierestufen. Ein Pool an Top Coaches aus der ganzen Welt und die Anwendung für Web und Smartphone ermöglichen Live Coaching Sessions per Video-Konferenz. So helfen wir

Managern besser zu führen, Teams erfolgreicher zusammen zu arbeiten und Mitarbeitern persönlich und professionell zu wachsen." Unter der Überschrift „Vorteile für Ihre Mitarbeiter" beschreiben die Startup-Betreiber den Nutzen Ihrer Plattform: „Mit CoachHub hat jeder Mitarbeiter seinen persönlichen Coach immer dabei. In unserer Coaching-App treffen Ihre Mitarbeiter ihren Coach, managen ihre Lerneinheiten, setzen Ziele und messen ihren Erfolg. Alles an einem Ort und personalisiert". (Letzter Abruf: CoachHub 28.5.20)

5.2.3 Das Fazit zu den Social Media Plattformen für Coaching

Als wichtige Eindrücke, spezifische Beobachtungen und Tendenzen wollen wir abschließend festhalten:

1. Die **Technisierung** – im vorliegenden Fall die Digitalisierung – des Coachings schreitet unaufhaltsam voran.
2. Damit verbunden ist eine zunehmende **Standardisierung** der Diagnose- wie auch der Veränderungsmaßnahmen im Rahmen von Coaching-Prozessen.
3. Direkt dazu gehört das Voranschreiten der **Internationalisierung** der Coaching-Plattformen und der dahinter liegenden möglichen Coach-Besetzungen in den Maßnahmen.
4. Auffallend ist die sprunghafte Zunahme der Größenordnung der zahlenmäßig begrenzten Coaching-Plattformen als wirtschaftliche Einheiten – und die damit verbundene **Marktmacht** der Plattformen.
5. Plattformen werden die **Marktbearbeitung** radikal verändern: Sie treten gegenüber Unternehmen und Privatpersonen als eigenständige Organisationseinheiten auf, die Bedarfe und Bedürfnisse in anderen Größenordnungen wecken und decken können im Vergleich zu den überwiegend im Markt tätigen eigenständigen Kleinst-Unternehmern*innen.
6. Zwar treten die Coaching-Plattformen vordergründig gesehen überwiegend als Vertriebsplattformen auf, kommen aber durch die dreiseitige Markt-Beziehungs-Struktur in eine grundsätzlich andere Rolle in der Marktbearbeitung als im bisherigen Kunden-Berater-Verhältnis. Gerade dadurch entsteht eine völlig neue Machtkonstellation mit einer schwer schlagbaren **Dominanz der Plattformen** – nicht zuletzt durch ihre völlig anderen Finanzierungsmöglichkeiten durch die dahinter stehenden Investor*innen, nämlich Private Equity-Finanziers.

7. Damit einher gehen dürfte eine beschleunigte **Ökonomisierung** der Coaching-Aktivitäten wie der Coaching-Szene überhaupt.

8. Gleichzeitig werden von den Plattformen verschiedene neue bzw. zusätzliche **Kundesegmente** erreicht: Mehr mittlere und untere wie auch jüngere Führungskräfte dürften im Fokus stehen. Darüber hinaus aber voraussichtlich auch zunehmend mehr Nicht-Führungskräfte und Privatpersonen aus ganz verschiedenen Milieus.

9. Gleichzeitig ist damit zu rechnen, dass sich vor allem junge Coaches, weniger erfahrene Coaches und vor allem **weniger vertriebsstarke Coaches** (von der Einstellung bzw. der Fähigkeit her gesehen) den Coaching-Plattformen zuwenden werden als alteingesessene oder eher unternehmerisch eingestellte Einzelcoaches oder kleinere mittelständische Beratungs-/Coaching-Unternehmen, die lange selbstständig waren und es auch bleiben wollen.

10. Durch die relative, aber zunehmende Digitalisierung erreichen die Coaching-Kunden*innen der Plattformen eine höhere **Autonomie** von Ort, Zeit und der Verfügbarkeit der Coaches. Möglicherweise kommt es auch zu bisher ungewohnten Formen der Finanzierung von Coaching-Maßnahmen, die die Plattformen aufgrund ihrer vorhandenen Basis-Finanzierung anders leisten können als Einzelunternehmer*innen, die von ihrer Grundeinstellung nicht primär auf das „große Geld" ausgerichtet sind.

11. Coaching erfährt in dieser Hinsicht absehbarer Weise eine grundsätzliche **Demokratisierung der Verfügbarkeit** einerseits. Andererseits wird Coaching weniger zu einer exklusiven und persönlichen Beratung bzw. Begegnung, sondern zu einer bestellbaren Ware wie Hamburger von McDonalds oder Burger King.

12. Die in dieser Entwicklung der Coaching-Szene bzw. des Coaching-Marktes entstehende **Angebots-Verbreiterung** führt unvermeidbarer Weise nicht nur zu einer zunehmenden Spreizung der Honorare, sondern in der längeren Entwicklung vermutlich auch zu einer (drastischen?) **Senkung des durchschnittlichen Preisniveaus,** das ohnehin deutlich unterhalb des Honorars von anderen beraterischen Spitzenleistungen zu liegen pflegt. Es ist damit zu rechnen, dass dies vor allem die mittleren und unteren Preissegmente betreffen wird.

13. Die große Anzahl bzw. Mehrheit der Coaching-Kunden*innen wird somit prinzipiell **weniger elitär.** Das persönlichere und teurere Face-to-Face-Coaching dürfte künftig eher gehobeneren bzw. finanziell besser gestellten (Führungs-)Personen- und Unternehmerkreisen vorbehalten bleiben.

14. Diese Marktentwicklungen dürften die Rolle der männlichen und weiblichen Solo-Coaches in ihrer **Bedeutung** zunehmend **relativieren,** wenn nicht sogar marginalisieren.

15. Aus all diesen genannten Gründen droht der Coaching-Branche in unmittelbarer Zukunft eine **massive Disruption** mit den üblichen – und in den anderen Branchen zu beobachtenden – Folgen: Die Spreizung des Marktes dürfte wie immer der amerikanisch-ökonomischen Logik folgen: „The winner takes it all!"

FAZIT: Unsere persönlichen Antworten auf die Einzelfragen

6

Um unsere konkreten Antworten auf die zu Beginn in Kap. 2 gestellten Fragen zu geben bzw. unsere Position im Allgemeinen zu beschreiben, wollen wir unsere anfangs gestellten Fragen der Reihe nach beantworten.

1. *Schafft es „Coaching", aus der inspirierenden Vielgestaltigkeit seiner heute unüberschaubaren Vielzahl von legitimierten wie nicht-legitimierten Erscheinungen zu einer dauerhaft anerkannten Praxis auf wissenschaftlicher Basis mit legitimierten, geprüften und regulierten Qualitätsstandards zu werden?*
   Oder verflüchtigt sich das seit Jahren geradezu rauschhaft verbreitende „Coaching" in die Unwesentlichkeit eines bloßen Allerwelts-Begriffs mit sinkender Bedeutung, weil der Begriff sich wegen seiner Aura „totgesiegt" und gleichzeitig seinen spezifischen Inhalt schon verloren hat, kaum dass es seinen Kinderschuhen entwachsen ist?
   Mit großer Sorge betrachten wir folgendes:
   Zu häufig haben wir in der Zwischenzeit mit Kollegen*innen den lauen Erfolg der Coaching-Verbände diskutiert und die Ergebnis- wie Profillosigkeit des RTC.
   Und die Kollegen*innen mehren sich, die gemeinsam wie wir überlegen, nach einem neuen Namen, einem anderen Begriff zu suchen, der das Inhaltliche des Coachings meint, aber nicht mehr seine beliebige und ungeprüfte Verwendung. Was früher seine Neuigkeit, seine exklusive Zielgruppe und seine methodische Kreativität ausmachte, ist heute oft zu einem zweifelhaften Begriff geworden, weil jeder ohne jede Kompetenz und Prüfung sich einfach als „Coach" bezeichnen kann. Coaching hat es noch nicht geschafft, seine Vertreter*innen eindeutig durch Zuständigkeitsbereiche, Titelvoraussetzungen

und Kompetenzbereiche abzusichern. Jeder „darf", wenn er will. Man kann sich selbstberuhigen und auf die allmählichen Konsolidierungsergebnisse der Verbände hinweisen, deren Arbeit doch ehrenamtlich geleistet werde, weshalb man nicht alles von Ihnen verlangen könne. Das ist ein nachvollziehbares, aber leider nur stumm machendes Argument, weil es an den Ansprüchen der Wirklichkeit vorbeigeht. Der selbsttrügerische Hinweis geht an einem Faktum nicht vorbei, wie ein bekannter Vorstandsvorsitzender in einem selbstkritischen Hinweis auf sein Unternehmen und seine Branche einmal trocken im Gespräch bemerkte: „Nicht das Erzählte reicht, sondern das Erreichte zählt!"

Als ein Beispiel für eine klare und gesetzliche Regelung könnte Mediation bzw. die Bezeichnung Mediator dienen. Diese Bezeichnung ist durch das Mediationsgesetz von 2012 geregelt. Für Coaching könnte es sich anbieten, die Erfahrungen mit dem Gesetz, mit den betroffenen Experten*innen und der wissenschaftlichen Evaluation genauer zu betrachten, um eigene Schlüsse ziehen zu können.

2. *Schafft es Coaching aus der philosophischen und psychologischen Höhe einer in der Zwischenzeit hoch anerkannten kulturspezifischen Besonderheit – auszubrechen, die bisher auf der im Westen dominierenden Individual-Ausrichtung aufbaute – und eine gesamtgesellschaftliche Relevanz mit einem konstruktivem Einfluss zu entwickeln?*

Anders gefragt: Kann Coaching mit seiner oft reklamierten, aber faktisch nur selten konsequent angewandte systemischen Sichtweise auch Einfluss auf die gesellschaftlichen und politischen Diskurse nehmen, um gesellschaftliche wie politische Handlungsnotwendigkeiten aufzugreifen und dazu Stellung zu beziehen, um neben der Persönlichkeit oder engen persönlichen Beziehungen auch organisationsbezogene kulturelle und politische Verhältnisse mitzugestalten?

Wir wissen, dass wir mit diesem Anliegen in den Kern des bisherigen Selbstverständnisses von „Coaching" eindringen – um dieses weiterzuentwickeln! Hieß zu Beginn das „methodische Kampfwort" für Coaching immer „Hilfe zur Selbsthilfe", hat es schon längst seine absolute Gültigkeit verloren. Schon vor einigen Jahren haben z. B. Uwe Böning wie auch Ulrich Dehner (2009) dieses Postulat klar in Frage gestellt, obgleich wir es selbst zu Beginn der Coaching-Entwicklung eindeutig vertreten hatten. Aber die reale praktische Erfahrung führte immer mehr zu der Erkenntnis, dass eine reine Anwendung dieses Grundsatzes nur für bestimmte Zielgruppen und ausgewählte Themen angemessen ist – aber keineswegs die Palette der möglichen wie notwendigen methodischen Interventionen darstellen kann.

Die heutigen Lebensgegebenheiten sind in ihrer Wechselwirkung und in ihren nachhaltigen Auswirkungen systemisch zu betrachten und aus verschiedenen Seiten zu beleuchten! Coaching bietet mit seinen reflexionsbezogenen Möglichkeiten und in der Freiheit einer non-therapeutisierten Diskussion auch neue kommunikative Möglichkeiten, also die Chance, sich selbst stärker als bisher in den gesellschaftlichen Diskurs einzubeziehen und einbezogen zu werden.

Insofern erscheint uns die Gegenwart als ein Window of Opportunity, um in die sich radikal schnell beschleunigende Veränderung aller Lebensprozesse durch Digitalisierung und Pandemie zukunftsorientiert einzusteigen und endlich auch im Coaching den Weg einer Aufsplittung des Coachings in unterschiedliche Kompetenzbereiche zu beschreiten. Eine sinnvolle Differenzierung anderer schon weiter fortgeschrittener Professionen wie z. B. in der Medizin, der Jurisprudenz, der Physik, der Digitalisierung und der Fachkompetenzen von Lehrern*innen usw. bieten hier natürliche und Anleitung gebende Modelle und Konzepte.

Als ein Beispiel für die Differenzierung der Themen und Zielgruppen kann im Bereich des Business Coaching die Arbeit auf den verschiedenen hierarchischen Ebenen dienen.

Wie Böning (2015) ausführlich dargelegt hat, gibt es deutliche Unterschiede zwischen einem Coaching für untere und mittlere Führungskräfte einerseits und dem Coaching mit/für Topmanager*innen andererseits. Vereinfacht zusammengefasst bestehen die wesentlichen Unterschiede in den folgenden Punkten.

1. Bei mittleren und unteren Führungskräften geht es beim Coaching im Wesentlichen um Verhaltens- und Persönlichkeits-Entwicklungen. Im Topmanagement – gerade großer Unternehmen (Organisationen) – geht es neben der Persönlichkeitsentwicklung primär um Rollenentwicklung, die einen auf die Unternehmenskultur abgestimmten Bezug erfordert, um erfolgreich zu sein. Vertreter*innen der mittleren Hierarchie-Ränge dürften eher aus einer stärkeren Abhängigkeiten geprägten Rolle und einer eher an eigenen Ego- und Authentizitätsbedürfnissen ausgerichteten Haltung heraus sich jenen Themen zuwenden, die Ihnen persönlich näher liegen.
2. Im Topmanagement gibt es nicht das gleiche Set an Erwartungen wie im Mittelmanagement, was das Verhalten und die methodische Vorgehensweise der Coaches betrifft. Während in der Mitte und weiter unten in der Hierarchie tendenziell stärker die entwicklungsfördernde Unterstützung (Hilfe zur Selbsthilfe) gefragt ist, erwarten Topmanager*innen tendenziell eher auch einen herausfordernden Umgang mit dem Coach, bzw. eher eine anleitende und/oder die sich einer kritischen Auseinandersetzung stellende Positionierung des Coaches. Topmanager*innen sind älter und erleben sich in Ihrer selbst-

eingeschätzten Persönlichkeitsentwicklung in der Regel oft schon weiter als Führungskräfte der nachfolgenden Ebenen. Sie haben ein anderes Rollenverständnis und sind als Entscheider*in bzw. Letztentscheider*in gewohnt, sich Lösungen für unterschiedliche Fragestellungen nicht selbst zu erarbeiten, sondern über die vorgeschlagenen Lösungen anderer, d. h. auch die von Coaches entscheidend zu befinden: annehmen oder verwerfen?

3. *Schaffen es die Vertreter*innen der Coaching-Verbände, ihre bisherigen individuum-zentrierten Perspektiven, Rollen und Themenfixierungen zu erweitern und ihr Handeln auch auf die Veränderungen und Notwendigkeiten einer gesamtgesellschaftlichen Entwicklung neu auszurichten? Können – und wollen – sie sich in den gesamtgesellschaftlichen Dialog um die spürbaren gesellschaftlichen Veränderungen bemühen?*

Wir glauben, dass das grundsätzlich möglich ist! Dies ist ja die leitende Überzeugung der Autoren, die hinter der vorliegenden Arbeit liegt! Wir wissen, wie schwierig das ist und sehen im Verbandswesen überhaupt einige Hemmnisse – aber auch viele noch ungenutzte Möglichkeiten. Allerdings erwarten wir auch, dass es nicht leicht ist, das Window of Opportunity in dieser Zeit zu öffnen, müssen dazu doch Einstellungsunterschiede beträchtlicher Größenordnung überwunden werden. Aber vielleicht hilft eine herausfordernde Alternative: Die Digitalisierung und der Angriff der Plattformen.

Bei der kaum noch überschaubaren Vielzahl von Coaching-Themen bieten sich Kompetenzerweiterungen, neue Arbeitsgebiete und die Aufgliederung in fachliche Untergebiete an, bei denen die Verbände eine große Rolle spielen könnten. Kein Coach kann heute für alles zuständig sein. Also müssen die Zuständigkeiten, Kompetenzen und Berechtigungen neu geregelt werden. Allerdings ist das keine Aufgabe für die Verbände alleine, sondern dafür ist das Zusammenspiel zwischen Verbänden, Universitäten und Fachhochschulen sowie Coaches erforderlich.

Also steht eine Sysiphos-Arbeit an. Sie steht an, aber sie muss gemeinsam in Angriff genommen werden! Von welcher Seite auch immer!

Der RTC allein ist nicht das erfolgsversprechende Gremium, das diesen Prozess in Selbstregulation bewältigen kann. Folglich ist eine konzertierte Aktion von Wissenschaft, Ausbildern*innen, Hochschulen, Forschung, Praktikern*innen, Verbänden und regulatorische Institutionen sowie Politik aus den angesprochenen verschiedenen Perspektiven zu initiieren, die auf Länder- oder Bundes-Ebene, vielleicht auch auf europäischer Ebene agiert. Die inhaltlichen und qualitativen Veränderungen des Coachings und seiner verschiedenen Varianten erscheinen noch nicht so klar absehbar, weil sich die Perspektiven und Interessen von Selbstständigen, angestellten Coaches oder

Personalentwicklern*innen/zuständigen Personalverantwortlichen in Unternehmen/Organisationen, Experten*innen aus Wissenschaft und Forschung sowie der Weiterbildung bzw. Lehre deutlich unterscheiden dürften. Hier eine regulatorische Struktur aufzubauen, bedeutet schlichtweg eine Herkulesaufgabe, deren Professions-Relevanz und deren gesellschaftliche Zukunftsrelevanz allerdings nicht zu unterschätzen ist.

Um Coaching als Profession dauerhaft aufzubauen, sind nicht nur ein professionelles Selbstverständnis, eine ethische Grundhaltung, ein klar definiertes Prozessverständnis und ein kompetenter sowie wissenschaftlich abgesicherter Methodenrahmen notwendig. Es gehören auch Qualitätskriterien und evidenzbasierte Forschungsergebnisse dazu. Die Verbände, der RTC, wissenschaftlich interessierte Praktiker*innen und Forschende sind hierfür wesentliche Adressen, die allerdings – wie oben ausgeführt – ergänzt werden sollten. Wenn es nicht dabei bleiben soll, dass sich jede Person „Coach" nennen kann, sind aus unserer Perspektive eine Professionalisierung für spezifische Coachingfelder vor allem für Business Coaches anzustreben. Ein allgemeiner Titelschutz für Coaching ist zwar denkbar, erscheint aber mittlerweile als unrealistisch. Qualitätskriterien, wissenschaftliche Expertise und ein transparenter inhaltlicher Rahmen werden bei den Coachingstudiengänge diskutiert und realisiert, da die Studiengänge in einem Akkreditierungsverfahren bestehen müssen, in dem sie ihre wissenschaftlichen Grundlagen, ihren Aufbau, ihre theoretischen wie praktischen Methode etc. vorstellen und begründen müssen. Zudem ist zu konstatieren, dass die Interessenten an einer akademischen Coachingausbildung (einem Studium) erwarten, wissenschaftlich abgesicherte Methoden, Modelle und Theorien erlernen zu können und diese mit praktischem Können verbinden wollen (Strikker 2016).

Die zunehmend zu beobachtende Annäherung von Praxis und Wissenschaft, die sich in erster Linie in den Fachwissenschaften Psychologie, Pädagogik und Soziologie, aber auch den Neurowissenschaften und der Sportwissenschaft vollzieht, war und ist zumindest in Deutschland ambivalent, aber auch international nicht überall gleich. Während sich diese Fachwissenschaften viele Jahre kritisch und vor allem distanziert zum Coaching verhalten haben, was unschwer daran zu erkennen war, dass Coachingthemen an den Universitäten und Fachhochschulen eher mitleidig belächelt worden sind und demzufolge lange Zeit wenige Forschungsarbeiten entstanden sind, so hat sich das Blatt in den letzten Jahre deutlich gewendet. Animiert von angelsächsischen Forschungen entstanden in jüngster Zeit eine Fülle von Dissertationen, fachwissenschaftliche Veröffentlichungen und erste Studiengänge. Dennoch ist das Verhältnis zwischen Praktikern*innen und Wissenschaftlern*innen keineswegs unbelastet. Viele Praktiker*innen sehen Forschungsvorhaben als wenig nützlich für ihre Arbeit an und stehen den Ergebnissen neutral bis distanziert gegenüber. Untermauert wird diese Einschätzung durch zwei Beobachtungen: Zum einen haben es Wissenschaftler*innen schwer, genügend Fallbeispiele und Probanden für ihre Untersuchungen zu finden und zum anderen lesen Praktiker*innen in erster Linie Veröffentlichungen über Tools. Bücher über Tools erreichen spielend leicht höhere Auflagen, werden beliebt rezensiert und bilden quasi das Grundgerüst des fachlichen Diskurses. Demgegenüber werden Forschungsergebnisse kaum bis wenig rezipiert. Selbst in den Fachverbänden sind Wissenschaftler*innen und Forscher*innen eher eine Randerscheinung. Dieser Umstand mag darin begründet sein, dass Coachingforschung bisher nur relativ wenig Nutzen für die eigene wissenschaftliche Reputation in den akademischen Kreisen besitzt.

4. *Wollen und können sich Coaches und gerade die Coaching-Verbände mit massiven Marktveränderungen auch für Ihren eigenen Wirkungsbereich offensiv und zukunftsgerichtet auseinandersetzen?*
   *Sind sie sich der drohenden Folgen durch die Entwicklung von Coaching-Plattformen bewusst und können sie strategisch sinnvolle und konstruktive Maßnahmen für die Zukunft entwickeln? Oder bleibt ihnen nur das bescheidene Schicksal der überholten Lenker*innen der früheren Pferdekutschen?*

Dabei ist zu beachten, dass das Zusammenwirken des technologischen Treibers „Digitalisierung" und das Eintreten von finanzstarken Investoren in den Aufbau von Plattformen im Coachingbereich zu der vorraussehbar größten inhaltlichen und wirtschaftlichen Herausforderung für Coaches und die gesamte Branche führen wird, die vermutlich eine wahrhaft disruptive Veränderung auf alle Fälle für die Mehrheit der Solo-Selbstständigen und der kleinen mittelständischen Firmen erzwingen dürfte.

Eine einfache Verbandsarbeit ohne eine klare Vision, ohne das Denken in strategischen Alternativen, ohne einen personellen Aufwand und ohne hinreichende finanzielle Ressourcen wird die angerissenen Probleme nicht lösen können. Was aber zu erwarten sein wird, ist eine Weiterentwicklung der in Gang gesetzten Entwicklung der Coaching-Plattformen, da deren Marktverhalten stark durch die dahin stehenden ökonomischen Interessen der Betreiber*innen bzw. der Investoren*innen getrieben wird. Trotz allem gibt es genügend Vertreter*innen des Coachings, die auf Ihrer Parzelle aushalten wollen, denen bisher vieles genügt, was die Plattformen an neuer Technologie, an Marketing und Werbung, an Dienstleistungen/Services und an Bedienungsvergnügen bis Bequemlichkeit für die Kunden*innen anbieten können. Und ob alleine eine humanistische Grundüberzeugung und eine positive menschliche Zugewandtheit, eine besondere Präsenz im Umgang mit Menschen gegen die funktionalen und wirtschaftlichen Vorteile von Coaching Plattformen auf Dauer bestehen können, ist heute schon keine Frage mehr.

Wenn Coaching – wie wir oben schon betont haben – eine, vielleicht sogar die eine ikonografische Figur der gesellschaftlichen Entwicklung des letzten halben Jahrhundert auf individueller Ebene darstellt, dann ist die Frage, welche gesellschaftlichen, politischen, technologischen und wirtschaftlichen Bedingungen sich in den nächsten Jahren ergeben werden: Bleibt Coaching die Repräsentations-Figur unseres noch für eine gewisse Zeit weiterbestehenden gesellschaftlichen Werte- und Selbstverständnisses oder wird es wegen seiner einerseits erfolgreichen und andererseits gerade deshalb generierten profillosen Vielgestaltigkeit einverleibt in allgemeine Lern- und Arbeitsprozesse und damit eine digitalisierte Form der technischen wie menschlichen Steuerung, die das Humane in Richtung einer roboterisierten Zukunft zunehmend überflüssig macht?

Wie lässt sich unsere Position im Kern auf das Wesentliche zusammenfassen? Wir selbst plädieren für eine engagierte Auseinandersetzung in der Coaching-Branche und mit Ihnen, um unsere Zukunftsfähigkeit zu erhalten! Wenn wir und Sie uns dieser Klärung durch Auseinandersetzung nicht stellen, nicht Positionen beziehen und uns nicht durch neue und zukunftsfähige inhaltliche Konzepte und Themen an die allgemeine und die zukünftige Gesellschaftsentwicklung ankoppeln, drohen wir in der lauschigen Idylle eines schönen, aber bald der Vergangenheit angehörenden halben Jahrhunderts geräuscharm unterzugehen.

Man wird sich an uns dann vielleicht noch als Bestandteil der zweiten Romantik schwach erinnern, wenn wir nicht unsere Politikfähigkeit als Branche drastisch erhöhen. Wir müssen unser Profil als Coaches radikal schärfen, wenn wir nicht bald radikal in der Bedeutungslosigkeit verschwinden wollen!

5. Als letzte Frage haben wir uns die folgende Frage aufgehoben:
Kurz gefragt: Inwieweit ist Coaching angesichts all dieser enormen externen wie internen Veränderungen und Herausforderungen ein eigenständiger Treiber (Böning und Strikker 2014), ein Mit-Gestalter der eigenen Profession wie der gesellschaftlichen Verhältnisse oder lediglich eine mentale Sternschnuppe mit allmählich leiser werdender und vorübergehender gesellschaftlicher Bedeutung?

Diese Frage wollen wir nicht suggestiv alleine beantworten! Sie steht deshalb am Schluss – und wir wollen sie deshalb nicht beantworten: weil wir Sie als Leserin und Leser auffordern wollen, selbst dazu Stellung zu beziehen.

Es geht uns um den Dialog mit Ihnen. Die Frage geht an Sie: Was ist Ihre Meinung dazu?

Was Sie aus diesem *essential* mitnehmen können

- Die Aufforderung an alle Coachinginteressierten, sich mit den gesellschaftlichen und ökonomischen Rahmenbedingungen intensiv zu beschäftigen, um sie stärker in ihre Coachingkonzepte einzubeziehen.
- Eine systemische Betrachtung, bei der die Innensicht von Coaching und die externen Rahmenbedingungen berücksichtigt werden.
- Die Coaching-Plattformen und ihr Qualitätsverständnis kritisch zu begutachten, um auf die anstehenden heftigen Marktveränderungen reagieren zu können.
- Die Fähigkeiten von Coaching als eine Herausforderung für einen demokratischen Diskurs und einen gesellschaftlichen Auftrag zu nutzen.

Literatur

Adler, D. C. & Carolus, A. (2020): *Nähe durch Distanz.* Unterschätztes Potenzial von E-Coaching, in: Zeitschrift für Organisationsentwicklung, Heft 2/2020. S. 46–49

Baums, A. (2015): *Analyse. Was sind digitale Plattformen?*, http://plattform-maerkte.de/wp-content/uploads/2015/10/Kompendium-I40-Analyserahmen.pdf, letzter Abruf: 28.05.2020

Berninger-Schäfer, E. (2018): *Online-Coaching.* Wiesbaden: Springer Verlag

Bertelsmann Stiftung (2020): *Gesellschaftlicher Zusammenhalt in Deutschland besser als sein Ruf,* https://www.bertelsmann-stiftung.de/de/themen/aktuelle-meldungen/2017/dezember/gesellschaftlicher-zusammenhalt-in-deutschland-besser-als-sein-ruf, letzter Abruf 16.08.2020

Biesalski, C.: https://conni.me/, letzter Abruf: 11.08.2020

Böning, U. (2015): *Business-Coaching: Fallstudie zum Einzel-Coaching mit Top-, Senior- und Mittelmanagern aus großen Wirtschaftsunternehmen.* Dissertation. Universität Osnabrück

Böning, U. & Fritschle, B. (2005): *Coaching fürs Business.* Was Coaches, Personaler und Manager über Coaching wissen müssen. Bonn: ManagerSeminare

Böning, U. & Strikker, F. (2014). *Ist Coaching nur Reaktion auf gesellschaftliche Entwicklungen oder auch Impulsgeber?* In: Organisationsberatung, Coaching, Supervision (OSC), 21 (4), S. 483–496. 3/2014. Wiesbaden.

Böning, U., & Kegel, C. (2015): *Ergebnisse der Coaching-Forschung.* Springer Berlin Heidelberg.

Cabanas, E. & Illouz, E. (2019): *Das Glücksdiktat.* Und wie es unser Leben beherrscht. Berlin: Suhrkamp

CoachHub (2020, März 26): *Die Vorteile unseres Unternehmens,* https://coachhub.io/de/vorteile/, letzter Abruf: 11.08.2020

DBVC e.V. (Hrsg.) (2019): *Leitlinien und Empfehlungen für die Entwicklung von Coaching als Profession.* Kompendium mit den Professionsstandards des DBVC. Osnabrück 5. erweiterte Auflage

Dehner, U. (2009): *Beratung – auch mit Ratschlag.* managerSeminare 02/09. https://www.coaching-magazin.de/news/2009/beratung-auch-mit-ratschlag, letzter Abruf: 01.09.2020

De Shazer, S. (2/1990): *Wege der erfolgreichen Kurzzeittherapie.* Stuttgart. Klett-Kotta

© Der/die Herausgeber bzw. der/die Autor(en), exklusiv lizenziert durch Springer Fachmedien Wiesbaden GmbH, ein Teil von Springer Nature 2020
U. Böning und F. Strikker, *Coaching in der zweiten Romantik: Abstieg oder Aufstieg?,* essentials, https://doi.org/10.1007/978-3-658-32102-4

Dräger, J. & Müller-Eiselt, R. (2019): *Wir und die intelligenten Maschinen.* Wie Algorithmen unser Leben bestimmen und wir sie für uns nutzen können. München: DVA

EASC (2017): *EASC – Ethikrichtlinien.* European Association for Supervision and Coaching e. V. Berlin

ECVision (2014): Ein europäisches Glossar für Supervision und Coaching. Wien: Die Wiener Volkshochschulen GmbH.

Ellis, A., Grieger, R. (1979): *Praxis der rational-emotiven Therapie,* München. Urban & Schwarzenberg.

Friedman, M. (1971): *Kapitalismus und Freiheit, Seewald:* Stuttgart. Erstauflage USA 1962

Fukuyama, Francis (2018): *Identität.* Wie der Verlust der Würde unsere Demokratie gefährdet. Hamburg: Hoffmann und Campe Verlag.

Gebhardt, M. (2002): *Sünde, Seele, Sex.* Das Jahrhundert der Psychologie. DVA

Göpel, M. (2016): *The Great Mindshift.* How a New Economic Paradigm and Sustainibility Transformations go Hand in Hand. Springer open access

Göpel, M. (2020): *Unsere Welt neu denken.* Eine Einladung. Berlin: Ullstein 4. Auflage

Grant, A. M. (2009): *Workplace, executive and life coaching: An annotated bibliography from the behavioural science and business literature. Coaching Psychology Unit, University of Sydney, Australia.*

Gute Zitate (2020): https://www.google.com/search?q=gute+zitate+zum+nachdenken&rlz =1C1GCEA_enDE895DE895&oq=&aqs=chrome.0.69i59i45012.274741129j0j7&sou rceid=chrome&ie=UTF-8, letzter Abruf 29.08.2020

Hauser B. & Koch, A. (Hrsg.): Digitale Medien im Coaching. Grundlagen und Praxiswissen zu Coaching-Plattformen und digitalen Coaching-Formaten. Berlin. Springer Verlag, S. 1–4

Heller, J., Triebel, C., Hauser, B. & Koch, A. (2018) (Hrsg.): *Digitale Medien im Coaching.* Grundlagen und Praxiswissen zu Coaching-Plattformen und digitalen Coaching-Formaten. Berlin. Springer Verlag

Hofmann, M. (2020): *Identität als Prozess.* In: J. Surzykiewicz, B. Birgmeier, S. Rieger & M.Hofmann (Hrsg.): Coaching und Supervision in der VUCA World. Springer Verlag, im Druck

IPCC (Zwischenstaatlicher Ausschuss für Klimaänderungen) (2020): *1,5 °C GLOBALE ERWÄRMUNG Häufig gestellte Fragen und Antworten* Ein IPCC-Sonderbericht über die Folgen einer globalen Erwärmung um 1,5 °C. Häufig gestellte Fragen und Antworten. https://www.de-ipcc.de/media/content/SR1.5-FAQs_de_barrierefrei.pdf, letzter Abruf am 30.07.2020

Jones, R. J., Woods, S. A., & Guillaume, Y. R. F. (2015). *The effectiveness of workplace coaching:* A meta- analysis of learning and performance outcomes from coaching. Journal of Occupational and Organizational Psychology. http://doi.org/10.1111/joop.12119

Kersting, F.-W. (2003): *Helmut Schelskys „Skeptische Generation" von 1957,* https://www.lwl.org/lja-download/pdf/Kersting_Helmut_Schelskys_Skeptische_Generation_von_1957.pdf, letzter Abruf am 11.08.2020

Kotte,S. Hinn, Denise, Oellerich, Katrin, Möller, Heidi, (2018): *Stand der Coaching-Forschung: Ergebnisse der vorliegenden Metaanalysen.* In: Greif, S. Möller,H, Scholl, W. (2018): Handbuch Schlüsselkonzepte im Coaching. Berlin: Springer Verlag, S. 553–562

Lindau, V.: https://veitlindau.com/, letzter Abruf: 11.08.2020

Lippmann, E. (2018): *Identität im Zeitalter des Chamäleons.* Flexibel sein und Farbe bekennen. Göttingen: Vanderhoek & Ruprecht

Mannhardt, S. M. & De Haan, E. (2018): *Coaching-Beziehung,* in: S. Greif, H. Möller & W. Scholl (Hrsg.): Handbuch Schlüsselkonzepte im Coaching. Berlin: Springer Verlag S. 85–94

Meadows, D., Meadows, D., Randers, J. & Behrens III, W. – Club of Rome (1972): *Die Grenzen des Wachstums.* Bericht des Club of Rome zur Lage der Menschheit. Stuttgart: DVA

Nassehi, A. (2019): *Muster.* Theorie der digitalen Gesellschaft. München: C.H. Beck

Polanyi, K. (1944): *The Great Transformation.* The Political and Economic Origins of Our Time. Boston: Beacon Press

Raddatz, S. (2006): *Beratung ohne Ratschlag: Systemisches Coaching für Führungskräfte und BeraterInnen.* Wien: Verlag Systemisches Management. 6. Auflage

Reckwitz, A. (2017/2019): *Die Gesellschaft der Singularitäten.* Zum Strukturwandel der Moderne. Berlin, Suhrkamp Verlag

Reckwitz, A. (2019b): *Das Ende der Illusionen.* Politik, Ökonomie und Kultur in der Spätmoderne. Berlin: Suhrkamp Verlag

Roth, G. & Ryba, A. (2019): *Coaching, Beratung und Gehirn: Neurobiologische Grundlagen wirksamer Veränderungskonzepte.* Stuttgart: Klett-Cotta Verlag.

Roundtable Coaching e. V. (2020): https://www.roundtable-coaching.eu/der-roundtable-der-coachingverbaende; abgerufen am 15.10.2020

Schelsky, H. (1957): *Die skeptische Generation: Eine Soziologie der deutschen Jugend,* Düsseldorf/Köln.

Schirrmacher, F. (2015): *Technologischer Totalitarismus.* Berlin: Suhrkamp Verlag.

Schneewind, U. (2018): *Die Große Transformation – Eine Einführung in die Kunst gesellschaftlichen Wandels.* Frankfurt a. Main: Fischer

Schröder, M. (2020): *Wann sind wir wirklich zufrieden? Überraschende Erkenntnisse zu Arbeit, Liebe, Kindern, Geld (Originalausgabe Aufl.).* C. Bertelsmann Verlag.: München

Schulz, T. (2018): *Zukunftsmedizin: Wie das Silicon Valley Krankheiten besiegen und unser Leben verlängern will* – Ein SPIEGEL-Buch. München: DVA.

Seneca. L. A. *(1978): Vom glückseligen Leben, Kröner, Stuttgart: Kröner*

Sharpist: https://www.sharpist.com/de, letzter Abruf: 11.08.2020

Siedentop L. (2014): *Die Erfindung des Individuums.* Stuttgart: Klett Cotta

Sieren, F. (2018): *Zukunft? China!* Wie die neue Supermacht unser Leben, unsere Politik, unsere Wirtschaft verändert. München: Penguin Verlag

Spitzer, M. (2004): *Selbstbestimmen: Gehirnforschung und die Frage:* Was sollen wir tun?. Spektrum Akademischer Verlag.

Staab, P. (2019): *Digitaler Kapitalismus.* Markt und Herrschaft in der Ökonomie der Unknappheit. Berlin: Edition Suhrkamp

Strikker, F. (2016): *Coaching-Qualifizierungen.* Zwischen individuellem Gusto und Master-Studium, in: R. Wegener, S. Deplazes, M. Hasenbein, H. Künzli, A. Ryter & B. Uebelhart (Hrsg.): Coaching als individuelle Antwort auf gesellschaftliche Entwicklungen. Wiesbaden: Springer VS. S. 417–425

Strikker, H. & Strikker, F. (2021): *Coaching bei minimaler Führung und maximaler Beteiligung*. In: J. Surzykiewicz, B. Birgmeier, S. Rieger & M. Hofmann (Hrsg.): Coaching und Supervision in der VUCA World. Springer Verlag, im Druck

Sundance, K.: https://thesundancefamily.com/, letzter Abruf: 11.08.2020

Triebel, C. (2018): *Alles wird digital, alles wird anders*. In: J. Heller, C. Triebel, B. Hauser & A. Koch (Hrsg.): Digitale Medien im Coaching. Grundlagen und Praxiswissen zu Coaching-Plattformen und digitalen Coaching-Formaten. Berlin: Springer Verlag, S. 7–13

Uhlemann M.: https://blog.martinuhlemann.de/, letzter Abruf: 11.08.2020

Weizsäcker von, E. U. & A. Wijkman (2018): *Wir sind dran*. Was wir ändern müssen, wenn wir bleiben wollen. Club of Rome: Der große Bericht erstellt für das 50-jährige Bestehen des Club of Rome 2018. München: Pantheon

Zuboff, S. (2018): *Das Zeitalter des Überwachungskapitalismus*. Frankfurt a. M./New York: Campus Verlag

Printed in the United States
By Bookmasters